股票超入門 12

股市總是慢慢慢慢漲，卻咚！一下就跌掉了。
賺取那「咚！」跌下來的錢，威力更勝買股票！

# 放空賺更多

「口碑大好評！
全新增訂版」————————————方天龍 著

恆兆文化

# 不學放空，
## 股市人生是不完整的！

　　龜兔賽跑的經典故事大家都知道：「烏龜與兔子賽跑，兔子過於自信，跑一半就在樹下睡一覺，以為醒來再跑也不遲。不料睡過頭，烏龜反而趁機奪走了冠軍！」這故事給我們的啟示是：條件比較差的人也有機會成為贏家。

　　後來有人寫了一個更有趣的續本，故事是這樣的：「兔子輸了比賽以後非常失望，於是痛改前非，決定不再過度自信。牠相信只要自己改變比賽的態度，冠軍還是牠的。於是，牠與烏龜相約再比賽一次。這一次，槍聲響起，兔子全力以赴，一口氣跑到終點。牠終於贏得比賽，一雪前恥。然而，烏龜也並非省油的燈，牠檢討失敗的原因後，決定與兔子進行另一場競賽，但比賽的路線卻改變了。槍聲一響，兔子如閃電一般快速飛跑著，心想：烏龜哪裡是對手！不料，衝出沒多久，竟然碰到了一條寬闊的河流，兔子因為不會游泳，這一回又被烏龜贏得勝利了！

　　這故事的啟示是：萬事萬物並非絕對，只要改變遊戲規則或環境，人的條件、優勢、競爭力，也都會隨之改變。

筆者認為股票投資，也和龜兔賽跑一樣。「作多」的一方，就好比是跑得快的兔子；「作空」的一方，就好比跑得慢的烏龜（台股放空的限制極多，如沈重的龜殼）。作多的一方，受到官方認同、支持，遠比作空的的力量大。君不見，年復一年，基本上都是作多的人多於作空的人？長期驗證下來，股票或指數上漲的機會總是多於下跌的時間。所以，「龜兔賽跑」理論上都是兔子跑得快，這是沒話說的。

　　但是，為什麼作多者如兔子一般跑得快、競爭力強；而作空的人如烏龜一般跑得慢、競爭力弱呢？這是由於台股對作空者的限制較多、條件較苛，如同龜殼一般綁手綁腳，遂使作空的人有一種「矮了一截」的感覺。

　　筆者在《籌碼細節》一書中，曾詳述「除非大熊市，新手切莫輕易放空」的理由。這裡簡單摘錄重點：

　　一、放空弱勢股，常來不及：尋找弱勢股下手，被你發現已在盤下。

　　二、放空的條件，立場不公：平盤下不准放空，而盤上卻是強勢股。

　　三、保證金成數，融券超高：融資自備款四成，融券卻多半要九成。

　　四、強制回補令，空頭夢魘：股東常會臨時會，融券都將被迫回補。

　　五、主力耍滑頭，演出軋空：利用籌碼算計你，吃光融資融券額度。

　　前兩項的現況已經改變了。去年（2013年）9月23日起，所有可以融資融券（信用交易）的股票都可以在平盤下融券及借券賣出，也就是說可以在盤下放空了！這就好像龜兔賽跑的路線改變了。路線出現了河流，可能有利於烏龜；盤下可以放空，可能有利於「作空的人」。兔子不一定有勝算，作多也經常很痛苦，不是嗎？那麼你為什麼不學學放空，改變股市新手的悲情——動不動就住「套房」？

　　既然如此，放空就不見得永遠是劣勢。只要學會放空的真正技巧，有時你會發現技術指標在下跌的時候，似乎較準；放空在對的時候進行，也比作多時賺得多、賺得快。因為我們的股價在正常情形上揚時，是用爬的，往往漲了好幾天，才漲一成；而在正常情形下跌時，卻是用滾的，往往才跌幾天，就超過兩成了。

　　好了，現在再回頭說到「龜兔賽跑」的故事。經過三次比賽後，烏龜與兔子成

為惺惺相惜的好朋友，共同檢討過去的比賽，發現雙方都可以表現得更好。他們決定再賽一場，但這次是同隊合作。一出發是兔子扛著烏龜，跑到河邊；到了河邊，換由烏龜背著兔子過河，最後二者同時到達。以時間計算，將是歷來最快的一次。比起以前的多次競賽，牠們都感受到空前的成就感。

　　這是什麼意思呢？就是：學「放空」，並非從此放棄「作多」！事實上，多學一項技術，多一把刷子。有了「多」、「空」這兩把刷子，便可應用裕如。該多則多，能空就空；多空互換，多空互鎖，也正如龜兔合作一樣，更能展現「征服股海」時的雄心和膽識。兔子和烏龜在遭逢失敗後都沒有選擇放棄。兔子痛定思痛，決定投入更多的努力；烏龜盡了全力之後，則採取改變策略。在我們一生的股市征戰中，當失敗臨頭時，我們是不是選擇放棄呢？還是改變策略、嘗試不同的操作模式、學習不同買賣技巧？有時，先買後賣；有時，先賣後買；有時，兩者一起來。

　　這本《放空賺更多》的著作，原在2011年完成，由於股市交易規則的改變，筆者覺得非重新加以增修改寫不可，否則恐怕誤人子弟，也不符我一向對讀者高度負責的寫作態度。感謝恆兆出版社讓我有機會大幅度地重新發揮一番。如果你對本書還有不了解或需要進一步溝通之處，歡迎你寫電子郵件到kissbook@sina.com給筆者，天龍願意和你成為股市的好戰友。有空時，也歡迎你看看我的部落格（blog）：http://blog.sina.com.cn/tinlung8。謝謝！

　　2014年5月底重新修訂完畢

2014/06　方天龍

作者信箱：kissbook@sina.com　　部落格：http://blog.sina.com.cn/tinlung8
恆兆圖書網（相關圖書購買）：http://www.book2000.com.tw/

# CONTENT

**CHAPTER**

# o7

放空攻略６》指標／RSI，KD、MACD 139

操作主力股的夢幻組合：跟出不跟進！ 140

利用RSI指標，提高放空操作準確度 142

實例說明》跟出不跟進，我就這樣放空了主力股 146

利用KD值與成交量，找到理想的放空點 150

利用MACD和寶塔線交集的中間區段放空 155

**CHAPTER**

# o8

放空攻略７》型態／頭部型態 157

高準確作空型態１》M頭 158

高準確作空型態２》圓型頂 163

高準確作空型態３》頭肩頂 166

高準確作空型態４》尖山頂、左掛與右掛雨傘柄 171

高準確作空型態５》向下跌破三角形、楔形、旗形 175

高準確作空型態６》空頭吞噬與烏雲罩頂 178

**CHAPTER**

# o7

放空攻略６》指標／RSI，KD、MACD

**CHAPTER**

# o8

放空攻略７》型態／頭部型態

放空攻略8》口訣／6句順口溜

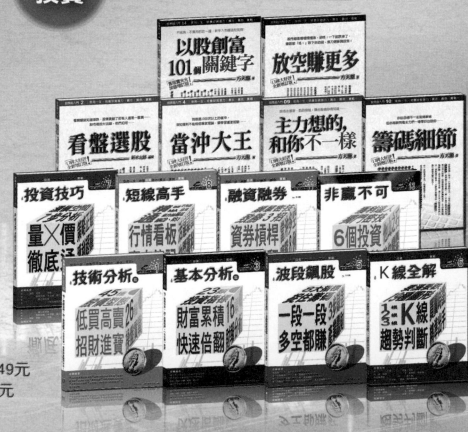

# 1

# 放空新顯學，
# 連國際咖也了來！

注意到了嗎？

台股的慣性是慢慢慢慢的漲，

咚！一下就跌一大段。

不管你注意到了沒，國際大咖已經注意到了。

10天，賺6支跌停板，

國際禿鷹原來是這子樣賺的……。

# 當「短打」已成台股主流，
## 「放空」將成另一類顯學

　　2014年農曆春節過後，2月5日開紅盤，在大家渴望拿個大紅包的期待中，加權指數卻突然跳空大跌198點，使得作多的股票族看傻了眼，不得不滿地找眼鏡。當天大跌，成交量還高達1,358億，這樣的「量大不漲」，是不是象徵著這一年，又要和2011年一樣（2月8日開紅盤日連跌四天），出現「三隻烏鴉」技術線型的惡兆？

　　奇妙的是，台股從這一天起，卻是一路「驚驚漲」，反彈向上，緩步趨堅，再也沒回頭了。然而，到了4月，台股開始「漲漲驚」，令多頭覺得越來越不安了。很多散戶開始覺得股票不好做了，動不動就把所賺的錢又吐回去。股友操作不順利的原因是，消息面一直主導著盤面，例如服貿協議的延宕、美股的大幅拉回、烏俄的對峙升高、核四停工……等等。

　　很多人從日線圖來看，2014年的續漲，似乎是「漲太多了」，其實我們站在比較高處來看台股就知道，2009年～2011年確實是財富重分配的發財時機，從圖

1-1的月線圖觀察，就能明白2011年～2012年是下跌+盤整的日子，而2013年～2014年，其實也沒什麼大漲！

圖1-1　2013年～2014年，台股其實並未大漲。

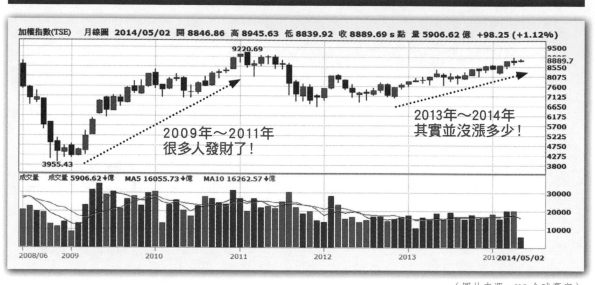

（圖片來源：XQ全球贏家）

　　在漲幅不大的時日裡，股友們表現在不安的氣氛中，最容易表現的就是「短打」。短打的風氣從「隔日沖大戶」開始帶頭以來，風起雲湧，現在很少有人會長抱一檔股票很久了。

　　每日盯盤的股友會有一種感覺：股價有高點的時候，不趕快賣，待會兒就要倒大楣了！這意思就是說，台股投資者急於「收成」的人太多，如果不怕股價滑下來的話，往往收盤時便難免後悔莫及。很多上班族的朋友也常常發現，由於沒有時間盯盤，常常讓原本可以賺錢的股票變成賠錢了！換句話說，如果對股票「麻木不仁、無動於衷」的話，很可能瞬間你的損益就由正值變負值了。

　　舉例來說，2014年5月2日經濟日報B1要聞版的頭條新聞說：「超預期--新普首季EPS 2.45元 董座宋福祥：營收逐季揚 全年可望兩位數成長 配息6.8元創新高」。內容大意是說，台灣電池模組大廠新普（6121）於5月2日公布，今年

（2014年）首季每股稅後純益2.45元，優於公司預期。董事長宋福祥表示，第1季是營運谷底，第2季營收季增約一成，第3季營收持續成長，全年營收可望兩位數成長。新普在法說會中並且強調，今年首季合併營收121.28億元，稅後純益7.55億元，每股稅後純益2.45元，超乎預期--較去年同期2.33元表現好。此外，新普董事會也決議拉高配息比例，配發6.8元現金股利，配息率64.8％，創下歷年配息新高紀錄，依5月2日收盤價161.5元計算，現金殖利率達4.2％。

有趣的是，新普董事長還為了激勵公司全體職員，從5月1日起，所有員工加薪5％！而「新普」的股價卻開始往下墜了！

圖1-2　利多見報，不趕快賣股，很容易慘賠。

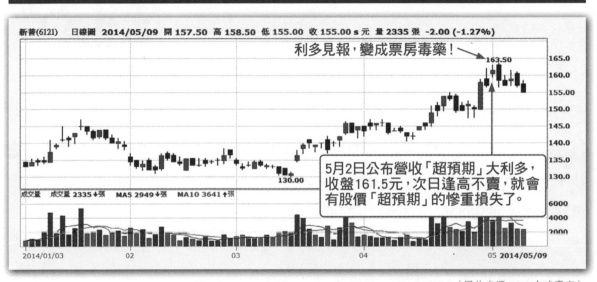

（圖片來源：XQ全球贏家）

由於台股的短線盛行，有獲利不趕快賣，馬上會從賺錢玩到賠錢。這樣的例子，實在不勝枚舉，基於篇幅有限，就不再一一舉例了。

那麼明知一檔股票會跌、手上沒有股票，怎麼辦呢？換句話說，如果能清楚多空方向，手上沒有股票的人怎麼賺錢呢？這就涉及作多的另一套學問了——放空！

## 「放空」的完美操作境界——
## 熊市賺多多，牛市賺快快！

　　投資人看好大盤或個股行情的未來，叫「看多」；如果預測後市將下跌而賣光持股，叫「看空」。看多的人，可以先買股票，然後等待高點再把股票賣掉，就賺錢了；而看空的人並不需要買進股票，只要借券（融券）先賣出（即放空），等股價跌下再以低價回補，一樣可以賺到錢。

　　看多的人很多，人人充滿買股票的慾望，就造成牛市；看空的人較多，人人充滿賣掉股票的念頭，就造成熊市。

　　放空的人主戰場在熊市。因為「樹倒猢猻散」、「牆倒眾人推」，這樣的環境自然是放空者的天下！然而，本書卻要告訴你，不只是熊市可以放空，其實牛市也可以放空，而且「放空賺更多」！為什麼呢？因為牛市的特徵是「上漲時，緩步趨堅，一步一步地向上攻」，而下跌時，卻是又急又快，三步併作兩步，一剎那間就從天堂跌到地獄去了！尤其是漲幅已大時，更是人人急於獲利了結，導致賣壓沉重，在「多殺多」的情形下，放空的人賺得更快！

舉例來說，「萬潤」（6187）這一檔股票，在股東會前的最後回補日是4月3日，在「強迫回補日」之後，通常都有一段停資（2014/04/07～2014/04/09）、停券（2014/04/02～2014/04/09）期間，善用融資的人都得憋得難受，量能也緊縮了。好不容易，終於在2014年4月10日開放信用交易、可以融資融券了，於是，多頭立刻大量買進，量能擴增，股價也跟著拉出了漲停板（⊕63.6元）！總算是一吐霉氣！然而，由於先前漲幅已大，一見到漲停板，很多人就開始獲利下車、落袋為安！這便引發了「多殺多」的沉重賣壓，才短短幾天內，股價就連續盤跌到49.6元的最低點，這距離64.1元的高點，只有短短幾天的功夫啊！

　　如果我們不作多，反而在4月10日開放融資融券當天在漲停板的價位「放空」的話，不是賺更快嗎？我想告訴你的是，在4月10日當天往回頭看，「萬潤」（6187）可是一檔「籌碼集中在千張以上大戶」手中的股票，我們照樣可以在這個時候「放空」；那麼其他籌碼鬆動的股票，「放空」豈不是更容易賺錢嗎？

圖1-3　在牛市中，「放空」用對時機，賺錢有時賺得比「作多」快！

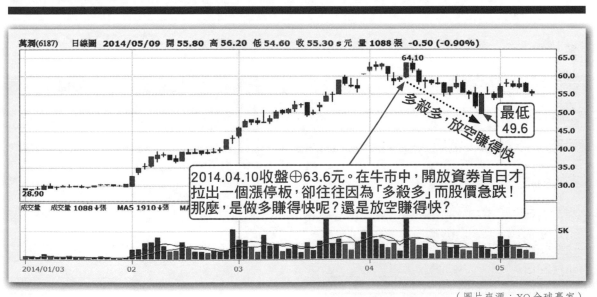

（圖片來源：XQ全球贏家）

表1-1　萬潤在股東會前的資券規定。

| 萬潤（6187）重大行事曆 | |
|---|---|
| 股東會日期 | 2014/06/12 |
| 最後過戶日 | 2014/04/11 |
| 停止過戶期間 | 2014/04/14～2014/06/12 |
| 融券最後回補日 | 2014/04/03 |
| 停止融資期間 | 2014/04/07～2014/04/09 |
| 停止融券期間 | 2014/04/02～2014/04/09 |

（資料來源：台灣集中保管結算所）

表1-2　4月10日查閱「萬潤」的籌碼，千張大戶的比例偏高，佔了48.36％。

| 萬潤股份有限公司集保戶股權分散表 | | | | |
|---|---|---|---|---|
| 序 | 持股分級 | 人 數 | 股 數 | 佔集保庫存數比例（％） |
| 1 | 1～999 | 3,486 | 225,258 | 0.27 |
| 2 | 1,000～5,000 | 1,935 | 4,084,688 | 5.06 |
| 3 | 5,001～10,000 | 310 | 2,521,709 | 3.12 |
| 4 | 10,001～15,000 | 77 | 987,821 | 1.22 |
| 5 | 15,001～20,000 | 83 | 1,568,968 | 1.94 |
| 6 | 20,001～30,000 | 71 | 1,827,802 | 2.26 |
| 7 | 30,001～40,000 | 36 | 1,302,022 | 1.61 |
| 8 | 40,001～50,000 | 31 | 1,462,943 | 1.81 |
| 9 | 50,001～100,000 | 52 | 3,781,719 | 4.68 |
| 10 | 100,001～200,000 | 40 | 5,756,585 | 7.13 |
| 11 | 200,001～400,000 | 31 | 8,753,114 | 10.84 |
| 12 | 400,001～600,000 | 6 | 3,143,928 | 3.89 |
| 13 | 600,001～800,000 | 5 | 3,719,826 | 4.60 |
| 14 | 800,001～1,000,000 | 3 | 2,545,662 | 3.15 |
| 15 | 1,000,001以上 | 11 | 39,041,857 | 48.36 |
| | 合　計 | 6,177 | 80,723,902 | 100.00 |

（資料來源：台灣集中保管結算所）

表1-3　「券資比」節節高升，卻無軋空力道，股價就易跌難漲了。

| | 融資增減 | 融券增減 | 券資比 | 股價 |
|---|---|---|---|---|
| 4月10日 | +523張 | +433張 | 4.83% | 63.6 |
| 4月11日 | -277張 | +79張 | 5.9% | 62 |
| 4月14日 | -25張 | +225張 | 8.51% | 58.5 |
| 4月15日 | +112張 | +172張 | 10.37% | 58.6 |
| 4月16日 | +80張 | +53張 | 10.87% | 58.1 |
| 4月17日 | +51張 | +10張 | 10.92% | 57.9 |
| 4月18日 | -83張 | +30張 | 11.36% | 55.5 |
| 4月21日 | -106張 | +86張 | 12.49% | 57 |
| 4月22日 | +102張 | 0張 | 12.35% | 57.9 |
| 4月23日 | +94張 | -36張 | 11.81% | 55.5 |
| 4月24日 | -13張 | -21張 | 11.59% | 55 |
| 4月25日 | -714張 | -163張 | 10.61% | 51.7 |

（製表：方天龍）

# 國際禿鷹空襲台股，
## 一舉拿下六個跌停板

　　關於「放空」，今年（2014年）4月24日，「Ｆ-再生」（1337）的第一個跌停板，拉開了「放空」大戰的序幕。其後，不僅「Ｆ-再生」連跌六個停板，其他的Ｆ-××公司也受到波及，應聲倒地。

　　這項放空行動為什麼這麼嚴重呢？因為一般「放空」都是看線型、看漲幅（乖離率）、看籌碼等等資料，然後選擇「放空」。由於市場上有人「作多」、有人「放空」，所以會「成交」。因而我們的放空，不見得按照自己的意思發展；能不能賺錢，也得看各人造化。就好像「公說公有理、婆說婆有理」式的夫妻抬槓，旁人聽得霧煞煞，而當事人似乎也不太傷感情。然而，這次的「Ｆ-再生」放空事件卻是有組織、有計畫、有事證、有根據的控訴，所以殺傷力特別強！不僅上市公司股價會跌，公司方面的面子也撐不住，連官方也難辭「監督不周」之咎。

　　這是美國一個「放空」十次有七次成功的研究機構格勞克斯（GLAUCUS）首度空襲台股，瞄準Ｆ-再生（1337）給予重拳攻擊。Ｆ股指的是來台上市的海外企

業，中概色彩濃厚，是否意味國際作空機構，開始瞄準中概色彩濃厚的F股了呢？相當受到關切。這個美國放空機構成功切入台股市場，對他們也是重要一役。該機構的創辦人之一的安達爾，是一位擁有哈佛大學法學博士學位的年輕律師，據說他們花了5個月的時間深入了解「F-再生」，認為該公司獲利率太驚人、太不可信，因此指控其財務不實，雖然中文版本的報告僅摘要2頁，但實際上完整原版報告超過36頁。他們一向的做法都是研究中資上市公司的假帳行為，然後發布研究報告，宣布「目標價為0」，逼迫公司最後下市。

這個故事後來的發展是：「F-再生」公司董事長丁金造親上記者會說明，並由律師洪紹恆、會計師吳秋燕陪同。主要是強調他有「獨家的配方」，所以可以用較高比率的回收EVA為原料生產產品；正因為具備大量使用回收料的技術，才能有這麼高的毛利。

接下來，F-再生（1337）於4月28日向台北地檢署遞件，控告格勞克斯創辦人Matthew Wiechert等人違反證交法。另一方面，證交所也完成對F-再生實地審查，結果認為與F-再生第1季季報相符合，等於是證明格勞克斯（Glaucus）機構三度報告內容不實。為了捍衛國內上市公司及投資人權益，證交所將採取由公司提告、投保中心跨海求償及移送國內檢調等「三管齊下」以對抗國際禿鷹。同時，為了防範其他國際禿鷹狙擊，證交所還特別強調，若經過司法程序，確定格勞克斯不法，其來台開戶的戶頭會被註銷，並禁止其來台。

證交所更指出，未來對格勞克斯採取訴訟管道有三：第一，目前F-再生公司已正式對格勞克斯提告；第二，投資人保護中心可為投資人提出跨海求償，目前已有跨海求償機制；第三，證交所針對市場違法行為，會將所有相關資料呈報給金管會，再由金管會移送檢調單位。

故事到這裡還沒結束，但是，國際禿鷹高調「放空」，至少已經達成效果--

一舉拿下六個停板！

「放空」如果能賺到六個跌停板，就等於「作多」賺到六個漲停板一樣啊！

圖1-4　F-再生在2014年4月24日被美國一個放空機構打趴了，連跌六個停板。

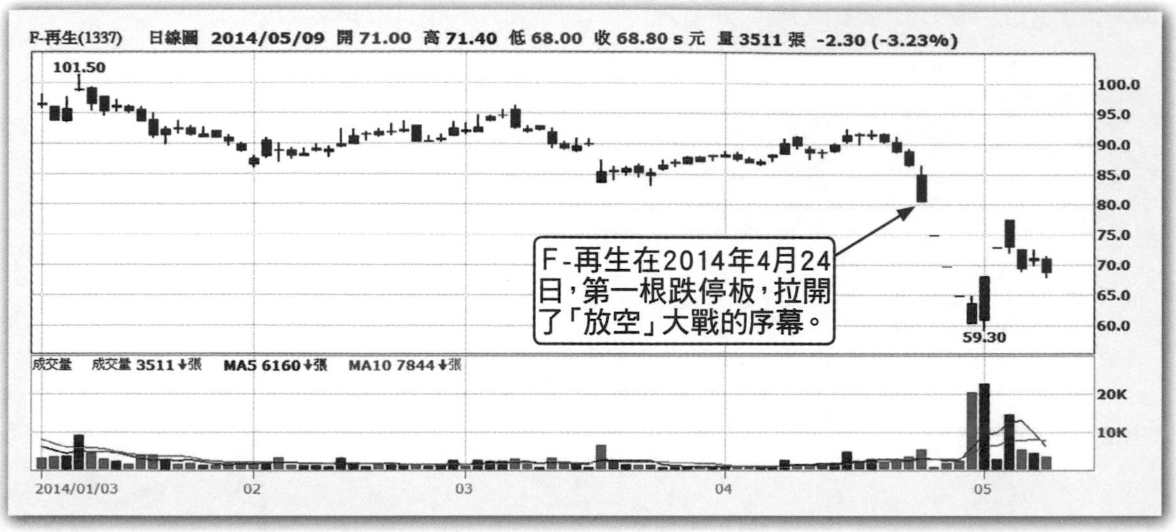

F-再生(1337)　日線圖　2014/05/09　開 71.00　高 71.40　低 68.00　收 68.80 s 元　量 3511 張　-2.30 (-3.23%)
101.50
100.0
95.0
90.0
85.0
80.0
75.0
70.0
65.0
60.0
59.30
F-再生在2014年4月24日，第一根跌停板，拉開了「放空」大戰的序幕。
成交量　成交量 3511↓張　MA5 6160↓張　MA10 7844↓張
20K
10K
2014/01/03
02
03
04
05


（圖片來源：XQ全球贏家）

觀察一下，美國這家專業的放空機構的行為：

格勞克斯近年就美國上市的中概股，以及大中華上市公司發表10多份個股報告，過去遭其「狙擊」的有在美國上市的旅程天下、海灣資源；在香港上市的青蛙王子、中金再生、西部水泥、首鋼資源；新加坡上市的閩中食品也遭其獵殺。無論其指責是對是錯，被盯上的公司無不焦頭爛額，甚至被強制清算。

然而，「空穴不來風」，「F-再生」在被放空前，已經有很多台灣人知道了。因為他們採取的是「明目張膽」式的高調放空。該機構總監修爾‧安達爾（Soren Aandahl）在事前就曾悄悄來台。當時他就預告已鎖定某公司，旋即不到1周時間果然出手。這次挨槍中彈的「F-再生」，是大陸最大EVA發泡塑膠廠，在2014年4月24日受到格勞克斯的唱空，股價被打至跌停，甚至收盤仍有高達9058張掛跌停賣單賣不掉，也拖累數家F股跌停。在該機構當天發表的報告中，指稱F-再生財報嚴重失實，實際收入要比披露財務數字少90%，而且有嚴重債務，直接把目標價定為0元。這樣的訊息放出來，股價如何不應聲倒地？

## 實例說明 1 》
## 跟著禿鷹找獵物，我好輕鬆就賺到錢了！

　　股市的操作者最可貴的就是「先見之明」，尤其是預知結果而先採取斷然的措施！風險？誰都可能經歷過！

　　例如：在2008年雷曼兄弟的經濟風暴中，不論買不買股票，幾乎任何人都受到影響。即便是股神巴菲特，也在這波海嘯中慘賠了 136億美元。這樣的流年重點在於「賣」，而不在於「買」。因此，如何逢高調節、納財入袋才是首要課題。懂得掌握進退時機點，才是生財保命之道，也是必須堅守的避險原則。

　　而懂得「放空」之道，就是更積極的反手策略了。

　　在消息不明的情況下，高手習慣先「空」再說，萬一被軋上去，就用手上的股票還券即可。所謂「既然上了賊船，就要做一个成功的海盜。」股票投資就是要有「順藤摸瓜」、「隨機應變」的本事，操作手法才是靈活的。

　　技術分析所以高於基本分析，就是因為前者雖不明白發生了什麼事，卻先看到了「現象」，而知該怎麼做；後者則必須經過內情的了解，才敢做出動作。可是，

股市並未中止，時間一過，傷害可能已經造成了！

如果能夠透過「現象」的解讀，就懂得「明哲保身」的道理，儘速作出應有的處置行動，例如賣掉持股（獲利下車、認賠停損）或反手放空（積極操作）。外資在這方面的表現，非常專業。例如，他們在砍殺台股的現貨之前，會先在期貨布下空單等等。

然而，一般散戶多半沒這麼厲害。如果手上沒有「F-再生」，就已經慶幸萬分了，哪裡懂得「將計就計」、「順勢摘瓜」？

那怎麼辦呢？要記得易經的道理，否極泰來、樂極生悲。多、空是相對的，沒有哪一方是可以永遠「吃人夠夠」！尤其「F-再生」被坑殺時一連五、六個跌停板，我們總要在慘遭「活埋」的那些苦主伸出土表、發出微弱哀嚎的同時，而產生一點惻隱之心吧！沒錯！就是在低檔反手作多！

放空，不可殺到骨頭。既然「F-再生」已經頻頻強調沒有虛報財務、證交所已經前往福建實地察看，決定挺該上市公司，甚至要對格勞克斯提告訴了。這事必有轉圜餘地！於是，這時就是可以搶個短線的時機，何妨用買賣一張「F-再生」股票，來證明自己的判斷力。

筆者是實戰派的投資人，立刻買在5月2日（星期五）的收盤價68.1元，賣在5月6日（星期二）的開盤價77.4元，中間只隔了一天（5月5日星期一），這天不賣的原因是跳空漲停板，一價到底。在技術面來看，沒有必要賣！一定還有高價。然而，星期二為什麼賣呢？因為凡是有爭議的股票，不宜久留。所以我第一筆就出掉了！事後檢討，果如所預期的，竟然就是賣到當下的最高價，其後更是連跌6天。如果沒有把握的人，是賣不到最高價的！憑一張股票就能賺到8,847元，投資的資金只有28,197元（融資），兩個交易日獲利31.4%，也是不容易的呀！

很高興的是，曾經買過我全套著作的一位讀者來信說，他也和筆者一樣買了同一檔股票，不過，他買的是權證。由於是一位上班族，沒有時間看盤，所以第二天就把權證賣了。

圖1-5　筆者的操作方法：「Ｆ-再生」買在5月2日收盤價，賣在5月6日開盤價。

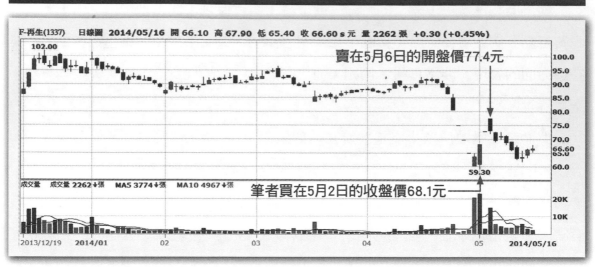

（圖片來源：XQ全球贏家）

以下筆者的成交單：

圖1-6　筆者買「Ｆ-再生」，只是在驗證自己的看法。

| 成交日期 | 股票名稱 | 交易種類 | 買賣別 | 交易類別 | 成交股數 | 成交價 | 價金 | 手續費 | 交易稅 | 應收付款 | 融資金額融券保證金 | 自備款擔保品 | 融資券利息 | 融券手續費 | 標借費 | 利息代扣稅款 | 二代健保補充費 | 損益 | 交割日 |
|---|---|---|---|---|---|---|---|---|---|---|---|---|---|---|---|---|---|---|---|
| 2014/05/02 | | | | | | 小計 | | | | | | | | | | | | | |
| 05/02 | [1337]F-再生 | 整股 | 買 | 融資 | 1,000 | 68.10 | 68,100 | 97 | 0 | -28,197 | 40,000 | 0 | 0 | 0 | 0 | 0 | 0 | 0 | 05/06 |
| 05/02 | | 整股 | 賣 | 融資 | 6,000 | 52.30 | 313,800 | 447 | 941 | 127,380 | 185,000 | 0 | 32 | 0 | 0 | 0 | 0 | 3,541 | 05/06 |
| 2014/05/05 | | | | | | 小計 | | | | | | | | | | | | | |
| 05/05 | | 整股 | 買 | 現股 | 1,000 | 4.97 | 4,970 | 20 | 0 | -4,990 | 0 | 0 | 0 | 0 | 0 | 0 | 0 | 0 | 05/07 |
| 05/05 | | 整股 | 買 | 現股 | 1,000 | 4.98 | 4,980 | 20 | 0 | -5,000 | 0 | 0 | 0 | 0 | 0 | 0 | 0 | 0 | 05/07 |
| 05/05 | | 整股 | 買 | 融資 | 1,000 | 59.20 | 59,200 | 84 | 0 | -24,284 | 35,000 | 0 | 0 | 0 | 0 | 0 | 0 | 0 | 05/07 |
| 05/05 | | 整股 | 買 | 融資 | 1,000 | 35.85 | 35,850 | 51 | 0 | -18,901 | 17,000 | 0 | 0 | 0 | 0 | 0 | 0 | 0 | 05/07 |
| 05/05 | | 整股 | 買 | 融資 | 1,000 | 35.85 | 35,850 | 51 | 0 | -18,901 | 17,000 | 0 | 0 | 0 | 0 | 0 | 0 | 0 | 05/07 |
| 05/05 | | 整股 | 買 | 融資 | 1,000 | 35.85 | 35,850 | 51 | 0 | -18,901 | 17,000 | 0 | 0 | 0 | 0 | 0 | 0 | 0 | 05/07 |
| 2014/05/06 | | | | | | 小計 | | | | | | | | | | | | | |
| 05/06 | | 整股 | 賣 | 現股 | 2,000 | 5.40 | 10,800 | 20 | 10 | 10,770 | 0 | 0 | 0 | 0 | 0 | 0 | 0 | 780 | 05/08 |
| 05/06 | [1337]F-再生 | 整股 | 賣 | 融資 | 1,000 | 77.40 | 77,400 | 110 | 232 | 37,044 | 40,000 | 0 | 14 | 0 | 0 | 0 | 0 | 8,847 | 05/08 |
| 05/06 | | 整股 | 賣 | 融資 | 1,000 | 60.40 | 60,400 | 86 | 181 | 25,127 | 35,000 | 0 | 6 | 0 | 0 | 0 | 0 | 843 | 05/08 |

（作者提供）

以下是這位讀者的來信：

老師你好：

終於接到老師你給「建檔讀者」的群發信，還以為我被老師遺落在牆角了，原來是老師走路不小心跌了一跤，幸虧已無大礙。

看到群發信，才知道上禮拜五我跟老師做了同一個動作喔（有種很爽的感覺），想必老師也一定研究過後，看到很明顯的痕跡，那就是F-再生試單，只不過我是個十足的小資族、死散戶，因此我買不起股票，所以只好試了20張權證，今天跳空漲停，被我猜到了，可惜接下來三天都要開會，不能看盤，於是在今天漲停價獲利了結了，有點心痛的感覺，以下是交割單！

學生 ××× 拜上

圖1-7　讀者提供給筆者的成交單。

| 成交日期 | 類別 | 委託書號 | 成交價 | 成交股數 | 價金 | 手續費 | 交易稅 | 償保證金 | 償融資金擔保金 | 利息 | 融券手續費 | 淨收付 | 投資成本 | 損益 |
|---|---|---|---|---|---|---|---|---|---|---|---|---|---|---|
| 2014/05/05 | 現股賣出 | 605210010050440 | 0.68 | 10,000 | 6,800 | 20 | 6 | | | | | 6,774 | -1,920 | 4,854 |
| 2014/05/05 | 現股賣出 | 607140021440560 | 0.68 | 10,000 | 6,800 | 20 | 6 | | | | | 6,774 | -1,720 | 5,054 |

| 成交日期 | 類別 | 委託書號 | 成交價 | 調整 | 原始股數 | 價金 | 手續費 | 交易稅 | 自備款/保證金 | 融資金/擔保金 | 利息 | 融券手續費 | 淨收付 | 分攤成本 | 分攤股數 |
|---|---|---|---|---|---|---|---|---|---|---|---|---|---|---|---|
| 2014/05/02 | 現股買進 | 608690002661670 | 0.19 | 調整 | 10,000 | 1,900 | 20 | | | | | | -1,920 | -1,920 | 10,000 |
| 2014/05/02 | 現股買進 | 608650003870390 | 0.17 | 調整 | 10,000 | 1,700 | 20 | | | | | | -1,720 | -1,720 | 10,000 |

（讀者提供）

看了這位讀者的信，我也「很爽」，因為這位粉絲確實聰明，懂得在「非漲不可」的時機買權證，以小博大。成本才3,640元，就賺到9,908元，兩個交易日獲利36.74%，真不簡單！

在我的《股票+權證必殺技》書中，一貫認為：只有在「非漲不可」的時機，才買認購權證；「非跌不可」的時機，才買認售權證。否則我不太鼓勵買權證的。

我的理論旨在保護沒有徹底了解權證性質的股市新人！

這位讀者知足常樂也很不錯，可惜他沒時間看盤，不然我覺得再等一天，就可以多賺一天。

為什麼我認為「F-再生」必然反彈呢？

其實從技術分析的角度來說，真正的秘辛是：它是「無量下跌」的；任何股災只要是無量下跌，都有反彈的機會。（但只是屬於「逃命線」式的反彈而已，有沒有大幅回升的機會，就要看基本面）所以，我認為多等一天較好。

至於為何開盤就賣呢？

這就是「經驗值」告訴我的，當大盤行情不好時，有獲利的人都急於求現，所以次日的賣壓必重！

圖1-8 「F-再生」必然反彈的真正秘辛是：無量下跌。

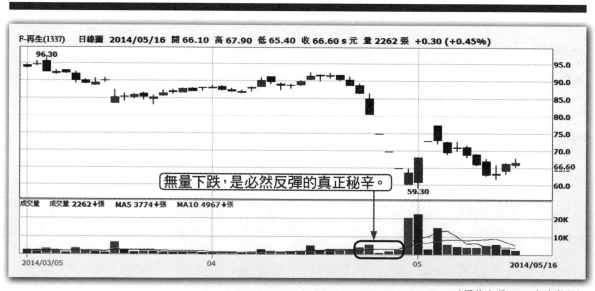

（圖片來源：XQ全球贏家）

## 實例說明2》
# 放空、加空、再空，我這樣操作了大型電子股！

　　為什麼每當我接到讀者問及某一檔股票時，總會反問他何以選擇該檔股票，是因為我認為一個股市高手的「思維」最重要。一個人的操盤理念，往往決定是否成功的關鍵。有沒有「先見之明」、能不能迅速做出危機處理的反應，這是整個股市遊戲中最重要的一環。股市的智慧就在這裡。

　　從「放空」的真實故事裡，我們才能清楚了解到底什麼是放空。

　　真正的內線消息，我們通常接觸不到。換句話說，凡是我們知道的多半是假的消息或是比事實晚了很久的新聞。這是否意味著投資必然失敗、投機必然沒有可能？那也未必。但我們在意的是，當機會來時，你懂不懂得「放空」？

　　舉例來說，筆者在2011年9月出版的舊版《放空賺更多》一書第21頁就說過：

「指數預估會跌，大型股首遭其衝。所以，放空最好找大型股下手，而且

先從電子股著眼較好。因為一來大型股的走勢多半和大盤非常接近，大盤

跌，它就跟著跌；二來，由於新台幣的升值趨勢擋不住，匯兌損失的陰影
籠罩電子股，而且通常第一季是電子股營運淡季，營收有衰退可能加上匯
損兩重利空打壓，容易跌。」

記得當時就選擇「宏碁」作為「放空大型股」的實例。選擇它的理由如下：

❶　2011年大盤衰敗，是放空大型股時機。宏碁股本270.36億，是大型股。
另外，宏碁的融資融券情況正常。融券成數一樣需要九成的自備款。

❷　第一次空它，規畫在那年農曆年之後，在大型股中它看起來並不強勢。
空它，是基於股市環境在2011年2月8日以後，已轉為空頭。大型股，尤其是電子
股，多半都是很好的放空對象。而我發現宏碁的營收從2010年10月起就已經有些
不妙了，年增率多呈負數。請看表1-4宏碁的每月營收成績單。

❸　第二次加空它，是在3月28日左右，由於股市已經轉為多頭的趨勢（3月
16日以後），而宏碁這一檔個股對股市「天氣轉晴」的嗅覺似乎有些遲鈍，在過
了將近兩週的「多頭」日子仍渾然不覺，可見其股性已呈現非常弱勢。所以，加空
有理！尤其看它的週線圖，跳空下殺，還量大不漲，加大了這一檔個股的下挫力
道，我們在這時放空它，獲利不難。

表1-4　宏碁在2010年～2011年的營收成績單，就已讓我們看到它的「未來」了。

| 年/月 | 營業收入 | 月增率 | 去年同期 | 年增率 | 累計營收 | 年增率 |
|---|---|---|---|---|---|---|
| 2011/06 | 31,939,965 | -10.63% | 44,418,986 | -28.09% | 198,240,718 | -27.06% |
| 2011/05 | 35,738,911 | 25.88% | 50,487,841 | -29.21% | 166,300,753 | -26.85% |
| 2011/04 | 28,392,131 | -30.33% | 37,019,370 | -23.30% | 130,561,842 | -26.18% |
| 2011/03 | 40,752,933 | 45.26% | 44,426,874 | -8.27% | 102,169,711 | -26.94% |
| 2011/02 | 28,054,539 | -15.91% | 44,319,994 | -36.70% | 61,416,778 | -35.64% |
| 2011/01 | 33,362,239 | -4.09% | 51,100,247 | -34.71% | 33,362,239 | -34.71% |
| 2010/12 | 34,784,676 | -14.56% | 49,540,299 | -29.79% | 522,062,896 | 7.44% |
| 2010/11 | 40,713,593 | 8.84% | 46,250,213 | -11.97% | 487,278,220 | 11.67% |
| 2010/10 | 37,406,163 | -35.91% | 50,918,216 | -26.54% | 446,564,627 | 14.47% |

❹　5月30日再空它一次，理由也是量大不漲。

另外，從外資和投顧對股價的「評等」，也看出宏碁的下跌趨勢了。

這是我的「獨門秘方」。

且看資料--

日盛投顧在2月11日（大盤重跌三天之後）對宏碁的評等是「強力買進」，目標價位是102元；永豐投顧在2月17日則對宏碁的評等是「買進」，目標價位是94元；寶來證券在3月8日則對宏碁的評等是「持平」，目標價位是86.5元；瑞士信貸在3月10日則對宏碁的評等是「中立」，目標價位是78元；麥格理在3月28日對宏碁的評等已是「遜於大盤」，目標價位是46.2元；JP摩根在4月20日對宏碁的評等則是「減碼」，目標價位是40元；高盛證券在5月13日對宏碁的評等則是「賣出」，目標價位是36元……。

看到這裡，你不覺得宏碁給人的感覺已經是江河日下了嗎？

「強力買進」→「買進」→「持平」→「中立」→「遜於大盤」→「減碼」→「賣出」。

我並不關注機構評等講些什麼，像2011年從2月8日到11日，股市已經連四天收黑，投顧竟還主張「強力買進」，實在沒什麼道理。

不過，如果我們去關注他們說詞的「變化」，應該會有所收穫的。

在他們不斷改口、每況愈下的表現中，我們多少可以看出這檔股票「好不了」了。所以，5月30日再加空宏碁並不為過。

❺　至於融券回補的日期訂在2011年6月30日之前，是因宏碁的股東會是2011年6月15日，它的除息日是2011年7月6日。

而6月30日這一天是融券的「最後回補日」。

在圖1-9中，筆者特別加註融券的回補日期，主要是提醒放空者注意，不要見獵心喜，忘了這個重要日子，而應及時在低檔回補股票。

圖1-9　宏碁股票在當年，真的可以一空再空。

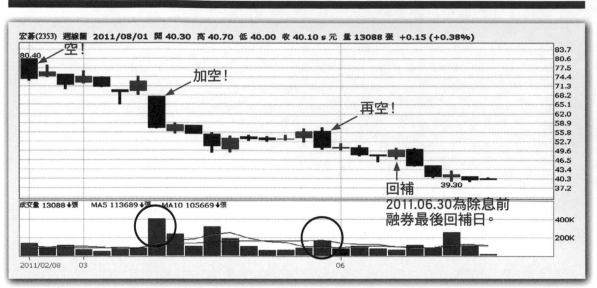

（圖片來源：XQ全球贏家）

## 實例說明 3 》
## 利空出盡時，緊跟籌碼作多！

　　「強者恆強，弱者恆弱」似乎是股市不變的真理。時至2013年，宏碁的「內線交易」終於暴露了它股價所以弱勢的真相！「股市是經濟的櫥窗」真的是一點也不假。技術分析總是讓我們先看到「現象」，然後才接觸到「事實」。

　　去年（2013年）11月5日，宏碁（2353）終於公開宣布第三季驚爆大虧131.2億元，每股稅後淨損為4.82元，且因全球人力精簡等等一次性費用約1.5億美元將於本季認列，於是虧損恐將超過半個資本額，加上董事長王振堂請辭，公司進入重整與變革，未來營運不確定性大增……。這樣的結果，就導致11月6日出現「一字型」跌停了！股價跳空跌停，終場委賣高掛46726張，股價創下歷史新低。

　　宏碁的營業收入不佳，我們從財務報表，早就看出一些端倪了。但是，它的財務漏洞到底有多大呢？卻不是外界可以明白的。直到不得不發布新聞時，大家才知道原來宏碁有高達131多億的損失，131是什麼概念呢？這樣說吧！創設台灣一條南北高速公路也才80億元而已。131多億的損失，就可想而知有多嚴重了。這是

「非跌不可」的股票啊！

於是，宏碁在2013年10月底決議在11月5日宣布超級利空之前，知情者就先出清持股了。

圖1-10　「宏碁」的超級利空消息，成為內線交易的進場時機。

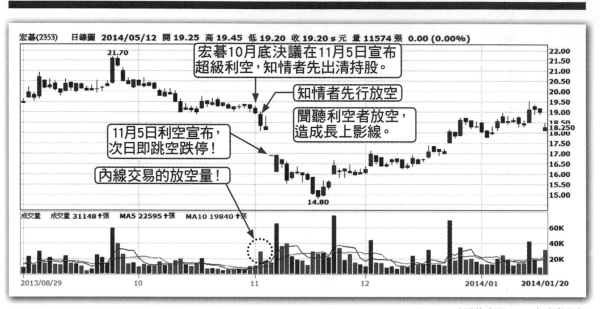

（圖片來源：XQ全球贏家）

2013年11月4日，知情者先行重重地放空，造成「量大下跌」的結果（股價跌幅3.17%，成交量28,917張，為5日均量11,900張的2.43倍）！

2013年11月5日，聽聞利空者放空或賣出持股，造成「出貨」意義的長上影線，第二天股價果然應聲倒地，全天都沒有爬起來過。技術線型成一字黑K棒了！

宏碁在去年第三季虧損主因是新產品上市，清理舊型機種庫存，另針對eMachines產品消費者集體求償訴訟結案，一次認列賠償金額，造成費用增加，且認列無形資產，損失金額約99.4億元，稅後淨損131.2億元，每股稅後虧損4.82元；前三季稅後淨損為129.49億元，每股稅後虧損4.76元。

這樣驚人的損失，造成了投資人「意料」中的「意外」，於是才有了「內線交

易」的案子出現。不過，宏碁第三季已打消無形資產減損，並預計全球精簡7％人力，人力精簡等等費用約1.5億美元成本將反映在第四季，宏碁第四季也是虧損。根據宏碁的評估，這樣做，每年可節省1億美元營銷費用。另外，宏碁也宣布啟動變革計劃，成立變革委員會，邀請創辦人施振榮擔任召集人、共同創辦人黃少華擔任執行秘書，將擬定變革願景、策略和執行方案，與管理團隊共同推動各項變革。

圖1-11 「宏碁」的月線圖，已顯示股價似乎已來到底部區了。

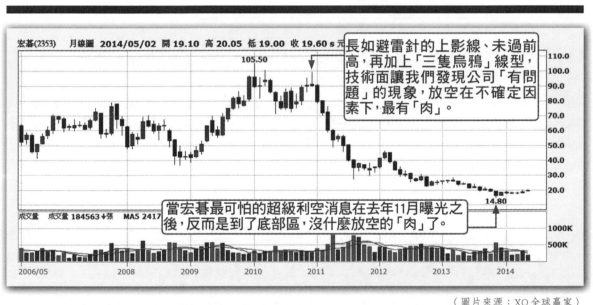

（圖片來源：XQ全球贏家）

看樣子，宏碁的最壞的情況也不過如此了。施振榮重新回來，意味著該公司已在深切地檢討了。「哀莫大於心死」，一旦有原創辦人憐憫自己的公司而想用心挽救，應該也有翻身的機會吧！他們需要的只是時間。

從股票操作角度來看，「營運不確定性大增」在股市是「放長空」的好時機。但從長遠的宏觀視野來看，在宏碁（2353）公開宣布這個驚人的消息之後，總共才跌9個交易日而已，我們可以發現，一旦來到了2014年，也就來到了底部區。

我們從圖1-11來看，2010年12月的K棒有如避雷針的長上影線，它的高點並未

過前波高點,再加上2011年1月、2月、3月的連續大跌造成的「三隻烏鴉」線型、技術面使我們發現公司「有問題」的現象。這個現象非常適合放空,而且可以放長空,因為在「不確定因素」下,放空最有肉。

圖1-12　外資從2014年4月之後,又有重新介入「宏碁」的跡象。

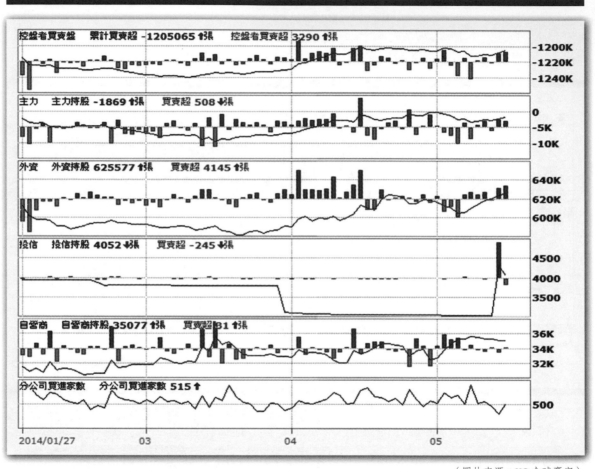

　　然而,經歷了宏碁最可怕的超級利空消息曝光之後,反而是到了底部區,沒有什麼放空的「肉」了!從圖1-12,我們也可以看出,在2014年4月之後,主力和外資又有重新介入宏碁的影子。要放空這樣的股票,顯然也有點晚了。從宏碁的故事,我們也得到了投資哲學的啟示,放空的時機確實是需要研究的。

# CHAPTER 2

# 放空攻略 1 》
# 新規則・新策略

股票是流行度很高的一項商品，
題材有主流、類股會輪動之外，
官方新規則也會帶進新的操作概念，
作空對應的新策略你想到了嗎？
新觀念、新知識、新獲利模式。
現在，一次解構清楚。

## 交易新規則，
## 讓跌停板不再可怕！

近年股市規則有很大變化，如2013年證交所對平盤以下放空就有新規定--

<u>主旨：投資人融券賣出得為融資融券交易之有價證券或向本公司借券系</u>
<u>統、證券商或證券金融事業借入前開證券賣出，自102年9月23日起得不</u>
<u>受賣出價格不得低於前一營業日收盤價之限制，並採控管機制如說明，請</u>
<u>查照……。</u>

簡單來說，就是平盤以下也可以放空了，但是，並不是所有股票都適用，投資人應進一步知道哪一些股票不受管制？哪一些股票仍然不能亂空。如果不了解遊戲規則，就不能任意進出。其中最重要的是，如果當天是跌停板，隔一天就不能在平盤下空它（融券賣出），也不可以借券賣出。但是，這個規定只有一天有效。萬一第二天又再跌停，那就繼續有所限制。舉例來說，2014年4月14日，「元太」（8069）收盤是跌停板，第二天就不能在平盤下融券放空或「借券賣出」了。

圖2-1 「元太」（8069）在2014年4月14日收盤是跌停板。

（圖片來源：XQ全球贏家）

圖2-2 「元太」（8069）在2014年4月15日被規定禁止在平盤以下放空。

（圖片來源：XQ全球贏家）

這樣的規定，對於多頭是極為有利的。

因為賣壓減輕了不少。凡是沒有特別問題的股票，除非短期內漲幅太離譜，否則一般主力都很好在跌停板處拉上來。

我們試看「元太」在跌停板之後的反彈，是不是很強呢？

它在於跌停板的次日（2014年4月15日），就由最低的18.15元一口氣就拉到4月23日的高點22元；2014年5月16日再度在盤中觸及跌停板時，僅僅在當天就由跌停板拉到平盤上的2.34％漲幅，振幅高達9.34％。

換句話說，台股的新制度為多頭助了一臂之力，空頭可要小心被軋哦！

照這樣的觀察，作「長空」更不容易了。

這是筆者最新的研究，舊版的《放空賺更多》並未提及如此的結論。筆者在寫這本「全新增訂版」的態度是客觀持平的，不是鼓勵一味「作空」，而是要隨機應變，適時作出多空的最佳策略，才會對自己有益！

圖2-3　跌停板次日不可以平盤下券空，使得主力拉抬股價顯得很容易。

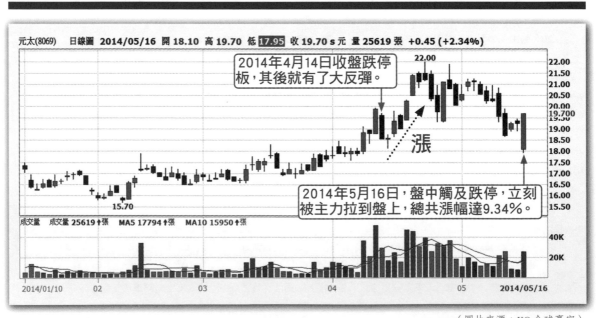

（圖片來源：XQ全球贏家）

圖2-4　2014年5月16日，元太的主力把股價從跌停拉到盤上2.34％的漲幅。

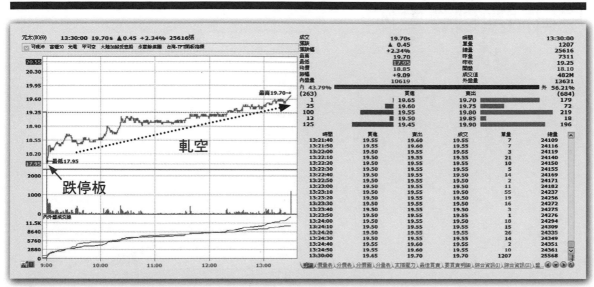

（圖片來源：XQ全球贏家）

## 鎖單、套利如何操作？
## 用白話範例教會你

懂融資融券，才懂股價漲跌；會使用融資融券，還有很多穩賺的「套利」機會。例如多空雙向鎖單、除權後先空後還……等等。鎖單是什麼呢？先簡單說明。

在一個上不上、下不下的整理行情中，我們在低價先用融資買進某一檔股票，假設買的張數是五張、價位是80元，在隔幾天後股價往上漲了，可是到了100元價位附近，卻感覺這檔股票遭逢了極大的壓力，你不知道股價會往上還是往下，那就不妨先用放空的方式融券五張、價位是一百元。結果有兩種情況都對你有利：

一、股價跌下來了，你放空的股票賺了。可是，股價跌到90元突然不跌了，你可以把那一筆放空的股票回補，也就是獲利了結了。那麼你底下那一筆五張、價位是80元以融資買進的投資，一樣可以繼續作多。

二、萬一你在100元放空的股票，發現失算了——原來主力是在「誘空」，股價跌到95元左右就一直不跌，而且持續了好幾天，每天都只小漲1元。當股價又回到100元時，主力突然以巨量鎖住漲停，然後次一日起就天天跳空漲停板，連續

七、八天股票都是漲停板，想買回都有困難——這就是所謂的「軋空」。你這時可以用原先那一筆五張、價位是80元以融資買進的股票去還券，那就有20元左右的差價，那麼當別人被軋得哇哇叫的時候，你還是贏家！

三、如果你的信用交易維持率還夠的話，放空的股票就不會被「斷頭」。那麼你也可以選擇不回補。假設主力拉夠了的時候，股票就跌下來，被打到了你可以「不賠」的時候，就把股票回補，那麼你那筆80元以融資買進的股票依然可以保持「低價」的優勢。因為股價拉上去之後再打回時，說不定只到90元就又上去了。那麼你這筆低價的股票將可繼續作長期投資。

像這樣多空雙向鎖單，是不是進可攻、退可守？操作是不是很靈活？

我在多年前的一本談「當沖」的拙著中，曾經有個獨家心得：「作多，手上要有現金；作空，手上要有股票。」有少數股市新手不太懂這句話的真義，曾經在來信中問及這句話的意思。如今，在此算是加強補充說明了。有趣的是。一位號稱台股「四大名師」之一的某先生，竟然把我這番話在他的著作中連續抄襲了好幾頁，可見高手就是高手，不但長於「以名牟利」，也很「認同」我這句警語吧！

除了以上說的「多空雙做」之外，股市放空「套利」的方法仍有很多。舉例來說，台灣電子股中有很多高配股的公司，像鴻海、華碩、台積電、華通、日月光等，如果你認為這些股票除權後會有強勢表現，便在除權前一天買進，參加除權。除權當天如果出現漲停板，就將老股立即賣出，同時也把將來可配得的、同等數量的股票融券賣出，等配股到手，再以現股償還融券。這樣的交易，就是一種穩賺不賠的「套利」功夫。不但很容易淨賺一個停板，還是毫無風險的妙招。這種融券放空、等將來拿到股票後再用配股償還的辦法，就叫做「鎖單」。這是一般資深老手都懂的招數，也是新手該儘快學習的知識。

一般來說，放空要找弱勢股或業績很爛的股票。基本上，這話是沒錯。但是，只要放空的方法對、時機對。強勢股、業績很好的股票，一樣可以放空賺到錢。重要的是，你懂不懂放空的法門。如果懂，一切都好辦。以下就慢慢聽筆者道來。

# 「借券」是什麼？
## 借券賣出才是壓力來源！

「融券」和「借券賣出」有什麼差別呢？

「融券」，就是信用交易中的「融資融券」之一（參考《融資融券》一書）。

「借券」與「借券賣出」實際上是兩個不同的交易概念，「借券」是屬於「股票」的借貸行為，只是指「出借人」把股票借給「借券人」，賺取借券費而已；而借券人借券的目的，並不只是「放空」，還可以從事避險、套利等策略性交易或是用來還券、履約。也就是說，投資人借了股票，不一定會馬上在證券市場賣出。所以說，「借券成交」不等於「借券放空」，如果要深入了解某一檔個股「借券放空」的真實情況，應查詢借券後在證券市場上實際賣出的數量。

這裡說明幾個常見的關鍵字詞：

❶「借券成交」數量，是指當天投資人透過證交所借券中心或向證券商、證金公司借來的股票數量。

❷「借券餘額」是指所借的股票還沒返還的數額；也就是說，「借券成交」數

量一直算到當天為止（沒還的減去已還的數額）。

❸「借券賣出」數量，是指當天投資人把借來的股票在股市賣出的總數。這部分，是空頭「玩真的」！

❹「借券賣出餘額」係指當天「借券賣出」數量一直算到前一天還沒回補的數額，再減除本日借券賣出回補數量後之數額。

以「台積電」（2330）為例，請見表2-1，本日異動裡的「借券」就是實際上的「借券賣出」的數量，「還券」就是實際的「返還券源」。

表2-1　台積電（2330）借券餘額明細表（2014年5月15日～5月20日）

| 日期 | 本日異動（張） | | 本日借券餘額（張） | 增減（張） | 收盤價 | 借券餘額市值（千） |
|---|---|---|---|---|---|---|
| | 借券 | 還券 | | | | |
| 2014/05/20 | 2,784 | 2,231 | 217,292 | 553 | 121.00 | 26,292,332 |
| 2014/05/19 | 8,720 | 443 | 216,739 | 8,277 | 121.00 | 26,225,419 |
| 2014/05/16 | 3,736 | 219 | 208,462 | 3,517 | 122.00 | 25,432,364 |
| 2014/05/15 | 5,989 | 1,516 | 204,945 | 4,473 | 122.00 | 25,003,290 |

資料來源：全球XQ贏家

## 融資融券「量」的增減對行情的判斷

在信用交易的領域中，一般有如下的研判方式：

### 一、融資大量擴增，必不是好事

散戶買進股票大多會擴張信用，其主要資金來源就是以融資買進。同時，散戶的融資多半喜歡買進熱門的強勢股。由於法人不能使用融資；大戶，理論上也不需要使用融資，因此通常將融資定義為小散戶進場，也就是籌碼面的弱者在使用。

因此當我們看到融資增加時，是股價的空頭訊號。當然，近年也有主力故意用融資買進來亂人耳目。我們用股價的漲跌，也可以判斷到底是主力的行為，還是散戶的籌碼。

### 二、融券異常增加，也絕非好事

融券是一般人向券商借股票賣出的信用交易，法人不能使用融資，也不能使用融券，除非深諳公司者有「內線消息」或極有把握股價會跌的人，一般人不會無事亂空股票（除非股價已漲多了）。因而如果股價漲很多，融券增加是正常的。但是在平時，融券突然異常大增，也絕非好事！不過，在主力或法人強勢買進時，融券張數多，反而有利「軋空」。在這種情形下，融券增加反而是好事。我們說的是「異常」增加，才是壞事（對多頭來說）。

### 三、借券賣出餘額，增加是利空

融券是一般投資人從大型綜合證券就可以取得的信用交易，借券則多半是外資才有的行為。借券市場是證券交易所於2006年開放的新措施。所謂借券，就是有股票的人可以提出一個要求利率，例如3%，然後登記借出，需要股票的人如果同意以3%的代價借入股票，那麼這筆「借券交易」就成交了！所以，借券並非私下的行為，而是在證交所的網站就可以得到透明的資訊。一旦借券賣出餘額增加，是利空；借券賣出餘額減少，才對多頭有利。

## 借券的「券源」主要來源

那麼，外資的借券是從何而來呢？其來源主要有兩種：

### 一、可以向外資基金公司借券。

借券，多半是為了避險，但也有一些基金目的是在獲利，所以首先就必須找到持有股票的機構，而這些機構的持有特性多半是長期持有，短線上並不會賣掉的核心持股才行。至於券商，就扮演雙方間的協調角色。一般來說，外資多半會向具有核心持股的大型基金公司進行借券操作，尤其是向持有台股比重較高的瑞信、瑞銀、摩根士丹利與高盛證券進行借券。

**二、可以向壽險金融機構借券。**

當行情受到全球經濟問題拖累時，金管會有時也會「人為干預」，要求這段非常時期被借券放空的股票，儘可能在短期內callback（還券），若是只被借走，但還沒開始賣出放空到市場來的借券股票，盡可能要求全部還券。

當然，金管會通常只是了解壽險公司借券給外資情況，沒有不准壽險公司借券出去。官方只會道德勸說，提醒要注意借券給外資法人的衍生後遺症，包括借出的個股若股價下跌，壽險公司的股票持有部位的價值會減損，相對壽險公司借券所賺的利息等財務收益，恐怕股票價值減損對壽險公司的資產影響更大。

根據台灣證交所的說法，借券系統之出借人以外資、信託業、保險業、銀行或信託投資公司、政府基金為主，就2014年最新統計資料顯示，其中外資出借人占約六成以上，國內保險業則約占9％。例如瑞士信貸證券、高盛證券或摩根大通證券等外資券商，只要透過彼此私下協商出借，並向證交所申報透過議借系統完成交易即可。

其實，出借證券可以活化閒置持股，並賺取借券費用，提高持股運用效率。但是，借入證券的用途並不只是為了放空或是賣出，對於因應ETF的申贖，權證的避險、以及融資性借券所需等等，市場需求量也不少，因此融券餘額與借券餘額的意義大不相同。這是投資人必須了解的，借券不等於放空。

外資有很多賺錢的招術，借券的用途有時是為了套利或其他的功能。但是，「借券賣出」這一項資料就對股市很有影響。

想要查個股的借券情況，可以上「基本市況報導網站」（網址：http://misov.twse.com.tw）在「借券查詢」下點選「借券中心個股借券成交查詢」（見圖2-5）。

## 借券，散戶不能不懂的新字眼！

目前來說，外資「借券」非常普遍。

在「盤下可以放空」新制來臨之前，非台灣50或中型100權值股，依融券放空遊戲規則，在盤下是不能放空，但外資與特定法人在「借券放空」市場，只要能借

到股票來放空，管你在盤上或盤下皆可視為「現股」賣出。一般投資人無法「借券放空」，看得到吃不到；且這些非權值股，在法人的「借券放空」殺股下，更是促成股價的探底壓力。

此外，在放空增資新股上，散戶也有點吃虧。因為除權配股時，當增資新股還沒發放前，法人怕新股發放下來，股價可能因新股賣壓出籠而下跌，因此，用「借券放空」先賣股，等拿到增資新股再行償還（這一招，前文已經有所敘述）。但散戶依然不行。

其實散戶最吃虧的還是，當證金公司或證券公司對高融券股票，展開配額、甚至停止融券措施時，投資人無法取得券源放空，但外資與特定法人，可用「借券放空」任意放空賣股。

從以上的分析來看，政府顯然在制度上不太喜歡你放空的。這一點，官方獨厚外資，似乎也有不得已的苦衷，所以我們想要放空的話，可要有更高明的技術、更有十足的把握才行了。

圖2-5　基本市況報導網站的截圖。

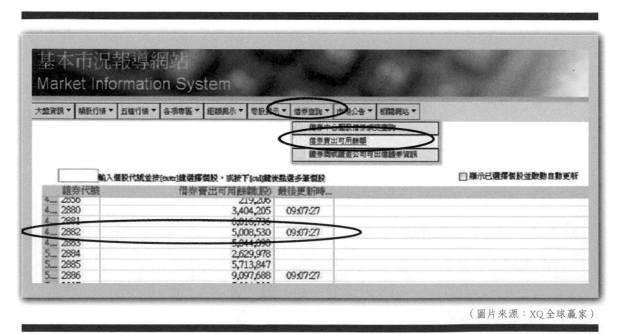

（圖片來源：XQ全球贏家）

# 董監改選宜作多？作空？
## 現場演練一次講透透

接下來，筆者要提到「董監事改選行情」下的放空機會。

我想這應該是我們比較能著墨的地方。

先請各位讀者看看兩檔股票的日線圖——「碩天」（3617）和「益通」（3452）（請看圖2-6及圖2-7）。

它們都同樣是在2011年6月24日開股東常會。

然而，它們在股東會之前半年來的股票走勢，卻形成了非常有趣的對比。「碩天」一路上揚，而「益通」都是一路下跌。

本書的舊版《放空賺更多》曾提到，2011年6月24日，「碩天」（3617）和「益通」（3452）這兩家毫無關係的公司分別都開股東常會，董監事的改選名單也都分別出爐了。

看了新聞，我才領悟到為什麼放空「益通」是這麼容易賺錢。簡直如入無人之境。原來它們的基本面是如此的不同。

圖2-6 「碩天」日線圖

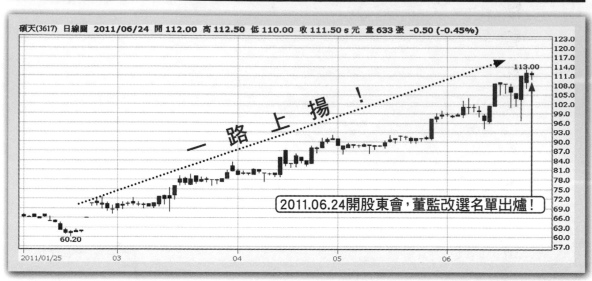

（圖片來源：XQ全球贏家）

圖2-7 「益通」日線圖

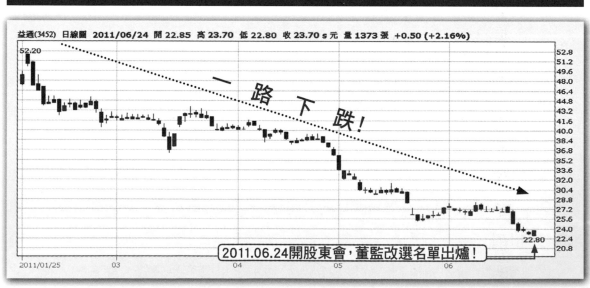

（圖片來源：XQ全球贏家）

表2-2　益通和碩天的除息狀況對照表

|  | 股東會 | 益通的除息日 | 碩天的除息日 |
|---|---|---|---|
| 日期 | 2011/06/24 | -- | 2011/07/29 |
| 最後過戶日 | 2011/04/25 | -- | 2011/08/01 |
| 停止過戶期間 | 2011/04/26～2011/06/24 | -- | 2011/08/02～2011/08/06 |
| 融券最後回補日 | 2011/04/18 | -- | 2011/07/25 |
| 停止融資期間 | 2011/04/19～2011/04/21 | -- | 2011/07/26～2011/07/28 |
| 停止融券期間 | 2011/04/15～2011/04/21 | -- | 2011/07/22～2011/07/28 |
| 新股上市日 | -- | -- | -- |
| 息值/權值/現增張數 | -- | 0.00 | 3.47 |
| 現金股利發放日 | -- | -- | 2011/09/07 |
| 現增價格 | | | -- |

　　這兩檔股票日線圖的選取時期都一樣，從2011年1月25日到2011年6月24日，有趣的是，兩檔股票的命運真有如天壤之別。「碩天」（3617）從最低的60.2元，一直飆到113元，漲幅是87.7％；而「益通」（3452）卻從高檔的52.2元，一直下滑到22.8元，跌幅是56.3％。

　　根據公司法第一九五條與第二一七條的規定，董事與監察人的任期均不得超過三年，所以上市公司董監事的任期大多數是三年。三年任期一到，就得改選，根據以往的統計資料顯示，在董監事改選前後，股價常會有鉅幅上漲的現象，這就是董監事改選行情。而且，改選競爭愈激烈，股價的漲幅就愈大。為何在董監事改選前後，股價常會上漲呢？其原因有三：

　　❶　董監事當選與否得看手中持股的多寡。有心競選者為了取得足夠的股權，勢必要在市場中吸足籌碼。由於需要量增加，買盤力道大增，股價自然就上漲了。

　　❷　在董監事改選之前，持股的董監事候選人為了當選，一定不敢賣出手中股票。這麼一來，籌碼被鎖住，賣盤力道大減，有利股價上揚。此時，常有作手看準此一情勢，乘機拉抬，造成股價大幅上漲。

　　「碩天」和「益通」這兩家公司在2011年都有「選舉」卻無「行情」。前者是選舉太平順，大家團結把股價推高，董事長仍繼續連任；後者的選舉也太平順，

沒有人競爭董監事，一堆人甚至在新選任時手上一張該公司的股票都沒有。請看：

表2-3　益通新任董事選任時持股數

| | |
|---|---|
| 英業達股份有限公司 | 16,000,000股 |
| 基益企業股份有限公司 | 35,804,243股 |
| 陳瑞隆 | 0股 |
| 蔡揚宗 | 0股 |
| 吳英志 | 0股 |
| 葉力誠 | 20,000,000股 |
| 程賢和 | 0股 |

在股東常會這一天，益通的董事長、總經理全都換人了，會計師事務所及簽證會計師也更換了，同時該公司執行長吳世章辭任。

異動原因：修章後已無此職務。而「碩天」的新任董事選任時持股數也有零的，但是他們的董監名單變動不大。

不過，董監事改選之後，當選的董監事為了賣出因改選而多吸的籌碼，常會發布利多消息，把股價炒高，拉高出貨。這又是放空的時機到了。

事實上，遠在股東會召開之前，益通就被「放空」了，當時只知在技術面上適宜放空，看到股東會的新聞之後，忍不住叫一聲「原來如此！」


## 如此長空，難得一見

2011年的「益通」（3452），從開股東會的6月24日回頭看，幾乎任何日期多半可以放空而獲利。但這是「事後諸葛」，我們不能在事後才來說空話。在一路走來的日期中，就要有警覺什麼時候可以放空，而及時介入，才賺得到錢。也就是說，股市獲利，完全靠的是你的「先見之明」才行。

從技術分析的眼光來看，2011年4月28日的放空（融券38.1元），以及5月4日的加碼放空（融券33.45元），應該是穩賺的融券賣出時機。請看圖2-8：

圖2-8 「益通」日線圖

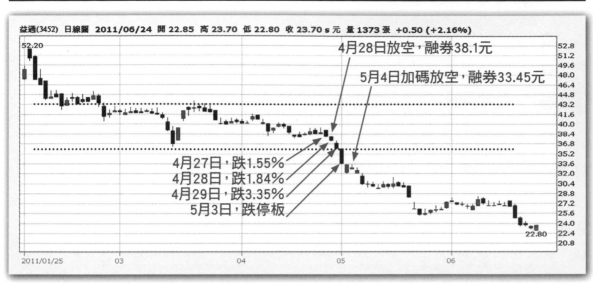

（圖片來源：XQ全球贏家）

表2-4 兩次空點都鎖定在盤上。

| 時間 | 開盤價 | 最高價 | 最低價 | 收盤價 |
|---|---|---|---|---|
| 2011/4/26 | 38.5 | 39.45 | 38.5 | 38.65 |
| 2011/4/27 | 39 | 39 | 38 | 38.05 |
| 2011/4/28 | 38 | 38.1 | 37.3 | 37.35 |
| 2011/4/29 | 37 | 37.3 | 36 | 36.1 |
| 2011/5/3 | 36 | 36 | 33.6 | 33.65 |
| 2011/5/4 | 32.2 | 33.45 | 32 | 33.45 |
| 2011/5/5 | 32.8 | 33.45 | 32.8 | 32.95 |
| 2011/5/6 | 32.1 | 32.95 | 32.1 | 32.5 |
| 2011/5/9 | 31.6 | 32 | 30.25 | 30.4 |

## 能放長空，多半是熟知內幕人士

其實，以「事後諸葛」來看益通，可說2011年幾乎隨時隨地都適合放空，有事沒事都可以放空。

但是，股票是必須「先見之明」的，如何找到真正技術面適合介入的良機呢？

我認為是4月28日。

理由如下：

**❶** 它的MACD已經摔落到0以下了。

**❷** 它短天期的KD值線已經穿越長天線的KD值線，交叉而下。

**❸** 它的成交量上已顯示毫無企圖心。

**❹** 見圖2-9，益通在當時的其他指標，諸如威廉指標、ATR、TAPI、DMI、MTM等指標上也都呈現不利於股價走勢的情況。

在2011年5月4日來說，它的技術線型更形成有利於「空頭」的走勢，是屬於「確認」的形態，所以我們更可以加空一筆。


## 結論：

「碩天」和「益通」這兩家公司的故事，是筆者在研究股票時意外發現的對照案例，沒想到後來從報紙新聞才知道，原來是有一組人馬（包含一位演藝人員）在炒作股票的結果，當事人都被移送法辦了。

由此也可以證明幾件事：我們雖然不了解股市的基本面真相，但從行情表其實就可以看出「異常現象」，這是技術分析、籌碼研究者高明之處。

其次，新聞事件證明了「長空」是不可能成功的，除非知道內情的人才有堅持的決心和毅力，因為每年都有兩次「強迫回補」的時機，不利放長空。所以，一般正常情況都以中期空單波段操作或放短空為主。

圖2-9 「益通」日線圖

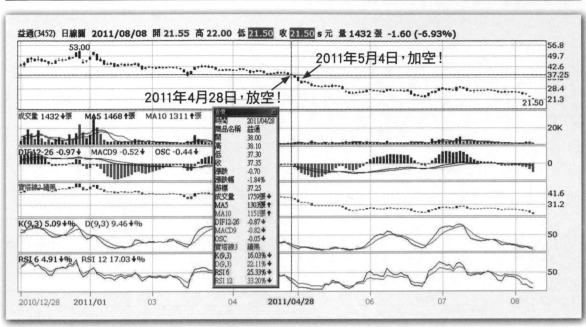

（圖片來源：XQ全球贏家）

圖2-10 「益通」日線圖

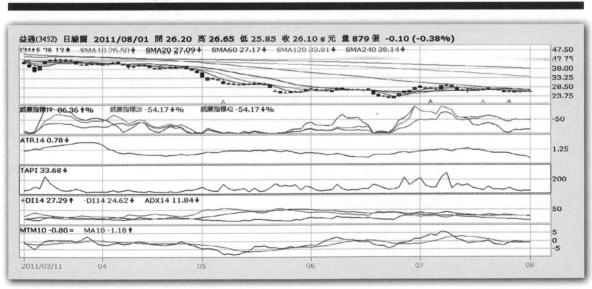

（圖片來源：XQ全球贏家）

# 放空攻略2》
# 時機／盯外資

股市有「老闆」，
老闆就是三大法人與主力大戶，
雖然股票獲利與否得各憑本事，
但「老闆的動作」，
你得看得懂。
尤其是外資。

## 感覺股票不好做時，
## 就做短空！

　　一位資深的股市贏家告訴我，在他四十多年的經驗與統計裡，運用股市中「先以融資買進，然後融資賣出」的作多，百分之八十是錯誤的；而「先以融券賣出，然後融券償還」，則有百分之八十是正確而獲利的。

　　他說的，其實就是放空。

　　國外的一位投資學家史考特（John Schott）也曾經指出：

❶　空頭市場是產業循環的自然現象之一。

❷　歷史上的每一個空頭市場都會在9～18個月之內結束，然後就再出現多頭市場的走勢。

❸　多頭市場的時間，往往比空頭市場多上一倍，這是為什麼長期投資能夠致富的關鍵。如果能利用市場開始由空轉多的買進時機，將具有更多的優勢。

　　他說的「空頭市場」應該是指「大空頭」市場。

　　當一個價格越盤越低的市場，人氣逐漸散去，成交值不斷滑落；每日股票跌多

漲少。股票的大盤看起來好像是多頭市場，但個股卻紮紮實實的是空頭市場。

這種情況在台灣的股市曾經有過，殺傷力確實很強，經常要勞動政府搬救兵或修改跌幅（例如每日跌幅限制為3％），這種經驗資深股市投資人都曾有過。但是，很多人可能並不知道（只有實際參與短線投資、日日在股海征戰的人比較能敏銳感知），實際上，台股更多的是「小空頭」時段，為期僅數月之久，但因為跌幅仍為7％，幾個跌停板下來，做融資融券的人就會感到吃不消了。

因為事實上玩融資融券的人多半是資金比較短缺的散戶，當小空頭階段來臨時，由於持股比例太高，常常傷得哀鴻遍野。

我常常說「散戶多半敗在資金管理上」，就是這個道理。

因為資金比較短缺的散戶，很容易抱股滿檔。因為他們不願意只賺到零頭小錢，所以常常把資金全部砸進去。由於沒有把資金分成幾等份，也沒有停損的概念，一被套牢就只好滿手股票。當處於「小多頭」階段時一切都還好，但碰上「小空頭」時期就損失慘重了。

「小空頭」階段的來臨，常常是悄悄的。它對散戶的殺傷力是無形的，因為它往往是在一個「小多頭」階段接踵而來的，人們便疏於防範。

筆者近期由於連續出了幾本新書，來信給我、在請教問題時順便談到賠錢經驗惶然不知所措的讀者相當多。

在許多第一次來信的年輕讀者中，我發現講的最多的便是他們在某年4、5月份賠錢的經驗，加上6月份他們買了不對的股票，許多人向筆者傾吐的都是「××」股票又連跌了兩個跌停板了之類的，不知是該停損？還是繼續持有？

我想，這是整體性的問題，而不是個別股票的問題。

因為那年6月份是個作多者猶如逆水行舟的月份，如果不是短線高手很難致勝。許多人是抱持中期投資想法，但往往買後不久是「小賺」，最後卻「大賠」出局。

關於這部分，我想說的是，大盤對個股的「連動性」既深且廣，如果不先掌握

大盤，就一直把資金泡在「股票池」中是危險的。因為我很少聽到有人被軋空，卻有許多人被套牢。

舉例來說，2014年是一個外資積極買台股的年份，看似多頭的行情裡，其實也隱藏著不少的「小空頭」，例如4月25日學生抗議服貿協議事件當天大跌171點，且前後幾天也都是空頭的時機。

不過，由於2014年也是選舉年，政府理當會「委屈求全」地迎合街頭運動的領導人的意思，所以最後必然是和平落幕。因而，放長空是不智的，惟有放短空、見好就收，才是最佳策略。

圖3-1　在多頭的年代，也經常有一些「小空頭」的事件，如果不好好處理，多頭
　　　　也會有慘重的損失。這給了放空者生存的空間。

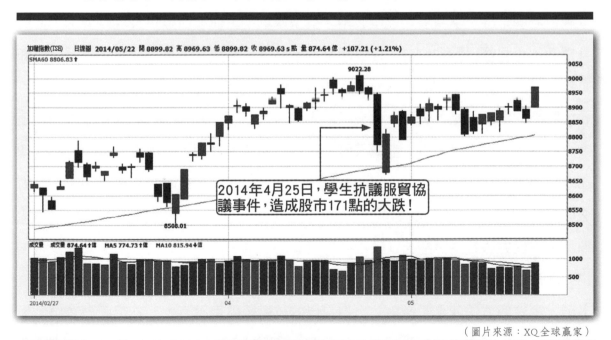

2014年4月25日，學生抗議服貿協議事件，造成股市171點的大跌！

（圖片來源：XQ全球贏家）

# 三步驟，
## 教你判斷外資在期貨多、空的布局

　　股市沒有上帝只有老闆。散戶投資人只是伙計而已。股市結構，說穿了，就是這樣。老闆是誰？依我看，這個股市結構很像軍中生活。部隊首長就是老闆，他們有權威，小兵都得聽他們的，他們所掌握的就是「軍法」，軍人以服從為天職。即使部隊長有不對（例如假公濟私）的地方，你也得聽他的。因為他們是老闆。

　　股市的老闆就是外資法人、投信法人、自營商、主力大戶。而他們掌握的就是「大盤」，「散戶以服從大盤為天職」，你不聽話，老闆可以用大盤修理你，就像部隊長用軍法修理你一樣。你覺得有理嗎？新兵如何不被部隊長修理呢？第一個方法就是「離開」，退伍就沒事；第二個方法就是「認命」，訓練好自己而不被挑剔；第三個方法就是「配合」，揣摩上意順勢而為，做好你的工作讓老闆很滿意。

　　散戶如何不被主力大戶修理呢？第一個方法就是「離開」，從此別玩股票就沒事了；第二個方法就是「認命」，把自己的技術練得百發百中，不讓股市有傷到你的機會；第三個方法就是「配合」，揣摩上意順勢而為，做好你股票跟進動作，讓

大盤適合你。現在,筆者要告訴你的,就是如何「配合」、揣摩上意。

我們都知道,三大法人中,在股市的買賣金額最大的老闆就是外資法人(近年又包括陸資)。以下是隨機抽樣的數據:

表3-1  2014年5月22日集中市場三大法人買賣金額表

| 單位名稱 | 買進金額 | 賣出金額 | 買賣差額 |
|---|---|---|---|
| 自營商 | 5,877,467,297 | 4,209,355,206 | 1,668,112,091 |
| 投信 | 1,345,041,890 | 1,220,593,028 | 124,448,862 |
| 外資及陸資 | 22,003,394,699 | 16,481,423,959 | 5,521,970,740 |
| 合計 | 29,225,903,886 | 21,911,372,193 | 7,314,531,693 |

在表3-1中,自營商表示證券自營商專戶,投信表示本國投資信託基金,而外資及陸資表示依「華僑及外國人投資證券管理辦法」及「大陸地區投資人來臺從事證券投資及期貨交易管理辦法」辦理登記的投資人。在這個統計資訊中,含一般、零股、盤後定價、鉅額,但不含拍賣、標購。

## 外資期貨偏空,有跡可尋

怎麼知道老闆的意思是作空呢?因為大老闆外資在期貨大量布空單,意思很明顯了。他們想要賺錢,就得砍現貨,也就是殺股票啊!教你怎麼掀開老闆的底牌!

**第一步**:上「台灣期貨交易所」網站。網址是:http://www.taifex.com.tw/

**第二步**:按首頁的「交易資訊」→「三大法人」→「查詢」 →「總表」→「依日期」的順序打開:(如圖3-3)

**第二步**:依2014年4月23日的日期去查詢,就會得到這樣的結果: (如圖3-4)

接著,再依2014年4月25日的日期去查詢,就會得到這樣的結果: (如圖3-5)

圖3-4中已經看到在2014年4月25日學生抗議服貿協議事件當天所以大跌171點,其實在兩個交易日前,外資已經布了空單!在外資預期的壓力下,多頭如何輕鬆致勝?識時務者為俊傑。「配合」老闆的意思「放空」,才能明哲保身啊!

圖3-2　期交所的首頁。

（圖片來源：「台灣期貨交易所」網站）

圖3-3

（圖片來源：「台灣期貨交易所」網站）

圖3-4

（圖片來源：「台灣期貨交易所」網站）

圖3-5

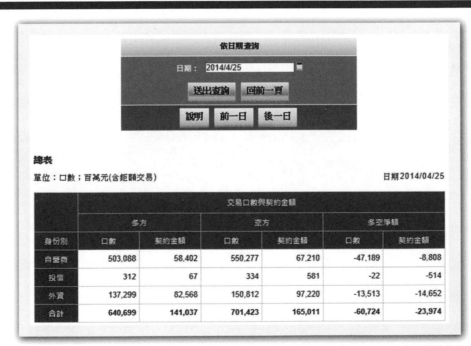

（圖片來源：「台灣期貨交易所」網站）

# 觀察期貨數據的改變，
## 適時擇股放空

外資為什麼要作空呢？他們的操盤策略是如何的呢？

外資主要是以股本大的權值股為主要操作標的，因而他們的操盤風格，多有整體性的規畫，值得研究。同時，我們也知道，外資操作習性是常常連續買超、連續賣超，因而他們的影響力也非常大。當我們在尋找放空個股的時候，外資的操盤動向更應該注意。因為他們打算追捧的個股，往往扶搖直上；他們打算砍殺的對象，也絕無活口。所以，放空就要找外資瞄準的個股。

要了解外資的多空看法，要從外資在「台指期貨留倉部位」（就是「未平倉口數」）來決定，因為期貨的槓桿大而且速度快，作用力極高，所以是外資多空的操作標的。我們只要分析一下外資的期貨部位是「作多」還是「作空」，就可以知道外資對於後市的看法了。像前面，我們從台灣期貨交易所查到的2014年4月23日和25日的外資交易數字，只是這個市場的一隅。另外，還可以查查「期貨大額交易人」的「未沖銷部位」（也在同一個網頁可以查到），包括五大交易人、前十大交

易人的資料。至於金融期貨、電子期貨的影響力都不如「台股期貨」。

（說到這裡，插播一下：有一位讀者來信問過我：什麼叫做「特定交易人」，什麼叫做「非特定交易人」？

這是由於我在拙著《籌碼細節》一書中的第5篇，提過外資的操盤手法，讀者循線在台灣期交所的網頁看到的「專用名詞」。那麼我在此順便說一下。以免再去查看的讀者仍有疑問。是這樣的：

特定交易人，是指證券商、外國機構投資人、證券投資信託基金、國安基金、退撫基金、勞退基金、勞保基金、郵儲基金、金融業及保險機構。

非特定交易人，則是指以上這些特定法人以外的一般「自然人」和一般法人。）

從這些表上的資料可以看出，作多肯定不如放空好做。至於要如何知道外資的多空部位呢？就是從前述的網址到臺灣期貨交易所的網站上查詢，每天下午3點左右，期交所就會公布外資今天的期貨留倉狀態。

這有什麼意義呢？那就是期貨市場上如果數據偏空的話，看空台股的仍然比較多，甚至隱伏著今年以來的「多頭行情」中的「小空頭」殺機！

所以，我們可以得到這樣的結論：

觀察法人的「台股指貨未平倉量」的變化，可以預知未來盤勢的可能變化。當大盤上漲的時候，法人的未平倉部位多單不變減少或是空單不斷增加，就要預防大盤可能準備反轉向下；而當大盤下跌的時候，法人的「未平倉」部位空單不斷減少或是多單不斷增加，則要有大盤可能反彈向上的心理準備！

這應該是資深老手比較可能知道的股市「最高機密」了。知道這個知識，你就從股市新手進步到老手的階段了。

# 請小心！
## 外資重倉股是票房，也是毒藥

　　基本上，外資到底有多少「多單」或「空單」，不用太過在意，只要知道目前外資是「看多」或「看空」就可以輔助我們來操作了。

　　按照目前外資的一般慣例，他們的操作方式，大概可分為四個階段：

❶　初升段：買期貨，賣現貨。

❷　上升段，期貨多單續抱，買現貨。

❸　末升段，賣期貨，買現貨。

❹　下跌段，期貨空單續抱，賣現貨。

　　從這樣簡單的歸納可以看出，一旦外資覺得到了「下跌段」了，他們就要「期貨空單續抱，賣現貨」，重點就是「賣現貨」；而回到初升段時，他們「買期貨，賣現貨」，重點仍然是要「賣現貨」。說來說去，都是要「賣現貨」！那是什麼意思呢？就是要殺大盤呀！

　　當大盤或個股反轉而下、頭部確立之後，外資就開始在現貨市場大舉賣超，期

貨空單則續抱甚至加碼。只要下跌趨勢沒有改變，這種操作方式就會延續下去，直到進入第一階段為止。這段期間外資頂多在現貨市場減緩賣超或短暫回補空單，但「逢高賣出」的基調並不會改變。

外資常在股市的現貨和期貨「多空兩面玩」，當在期指放空時，現貨市場的權值股，尤其是外資持股比重較高的台達電、台積電、宏達電等，常是外資套利避險的重要標的。除此之外，外資的「重倉股」也要注意。重倉股在偏空操作期間，往往是很難迴避的賣壓所在，持股比例太高了，在多頭時期堪稱「票房」，在空頭時期卻是「毒藥」。以下是2014年5月22日統計的「外資重倉股」前20名。F股所佔比例真不少！

圖3-6　外資重倉股排名前20名（2014年5月22日統計）

| 名次 | 股票名稱 | 收盤價 | 漲跌 | 漲跌幅 | 成交量 | 持有張數 | 持股市值(千) | 持股比例 |
|---|---|---|---|---|---|---|---|---|
| 1 | F-金可(8406) | 526.00 | 4.00 | 0.77% | 94 | 90,451 | 47,577,226 | 100.00% |
| 2 | F-綠悅(1262) | 225.50 | 3.50 | 1.58% | 225 | 123,740 | 27,903,358 | 91.65% |
| 3 | F-其祥(1258) | 26.30 | -0.50 | -1.87% | 76 | 30,114 | 791,998 | 88.57% |
| 4 | F*AS(5266) | 102.00 | 1.50 | 1.49% | 23 | 27,897 | 2,845,494 | 87.66% |
| 5 | F-矽力(6415) | 262.00 | 6.00 | 2.34% | 227 | 34,381 | 14,247,842 | 86.26% |
| 6 | F-麗豐(4137) | 225.00 | 4.00 | 1.81% | 256 | 65,148 | 14,658,379 | 86.05% |
| 7 | 萬泰銀(2837) | 14.85 | 0.00 | 0.00% | 587 | 1,269,411 | 18,850,754 | 83.13% |
| 8 | F-龍燈(4141) | 59.40 | 1.90 | 3.30% | 710 | 109,411 | 6,499,040 | 83.12% |
| 9 | 新暉(910069) | 9.84 | 0.00 | 0.00% | 0 | 7,230 | 71,143 | 82.82% |
| 10 | 日月光(2311) | 37.35 | 1.15 | 3.18% | 28,020 | 6,417,504 | 239,693,786 | 82.74% |
| 11 | F-乙盛(5243) | 49.90 | 1.90 | 3.96% | 753 | 141,448 | 7,058,252 | 82.26% |
| 12 | 福登(6211) | 16.50 | -0.05 | -0.30% | 20 | 34,205 | 564,382 | 82.14% |
| 13 | F-必勝(8418) | 29.80 | 0.00 | 0.00% | 127 | 50,010 | 1,490,301 | 81.99% |
| 14 | F-淘帝(2929) | 170.00 | 3.00 | 1.80% | 218 | 42,546 | 7,232,804 | 80.57% |
| 15 | F-臻鼎(4958) | 90.40 | 3.60 | 4.15% | 5,042 | 575,943 | 52,065,260 | 77.97% |
| 16 | 台積電(2330) | 122.00 | 1.50 | 1.24% | 26,337 | 20,167,703 | 2,460,459,795 | 77.77% |
| 17 | F-勝悅(1340) | 134.50 | 1.50 | 1.13% | 151 | 62,251 | 8,372,737 | 77.47% |
| 18 | F-大洋(5907) | 70.00 | 3.70 | 5.58% | 2,928 | 155,133 | 10,859,304 | 76.79% |
| 19 | 台達電(2308) | 190.00 | 3.50 | 1.88% | 3,881 | 1,824,592 | 346,672,491 | 75.20% |
| 20 | F-鎧勝(5264) | 162.50 | 3.50 | 2.20% | 2,271 | 253,723 | 41,230,011 | 74.68% |

（圖片來源：XQ全球贏家）

## 實例說明》
## 外資連連狂拋，三陽成了空頭大飆股

　　股價創新高，表示景氣、人氣、資金，都已進入一種良性循環中，並已形成一種新的強勢發展，這種股票容易向上飆；而股價創新低，則有如站在一個懸崖上，往下看，不知地獄到底有多深，只見低點不斷出現，最後跌到「不堪回首」的程度，便成了一次「煉獄」。

　　在利用外資的資金放空之際，我們可以找到股價頻頻創新低的股票，那就是「外資連接賣超的股票」。只要是外資連續賣超，股價很難起生回生。所以，如果我們是作多的人，就要避開這個時段，等外資賣壓結束之後再進場。同樣的，我們也該在外資一開始「連續賣超」的時候，立刻賣出自己手上的持股，或是跟進他賣出的股票加以「放空」。

　　舉例來說，「三陽」（2206)在今年（2014年）5月底之前三個月，便是這樣的一檔「放空」好標的。我們只要把它和大盤的日線圖並列比較，立刻明白了。請看圖3-7，大盤一路向上飆，而三陽卻一路向下飆。

圖3-7　圖上是三陽的日線圖，圖下為大盤的日線圖。

　　我們除了利用外資在期貨布空單的時候，跟進作空之外，仍有一個方法可以從外資的身上找到理想的標的物！那就是找外資「連續賣超」的個股。那麼，何以見

得「三陽」就是被外資看衰的呢？怎麼證明它是被外資「連續賣超」打從來的呢？請看圖3-8。

圖3-8

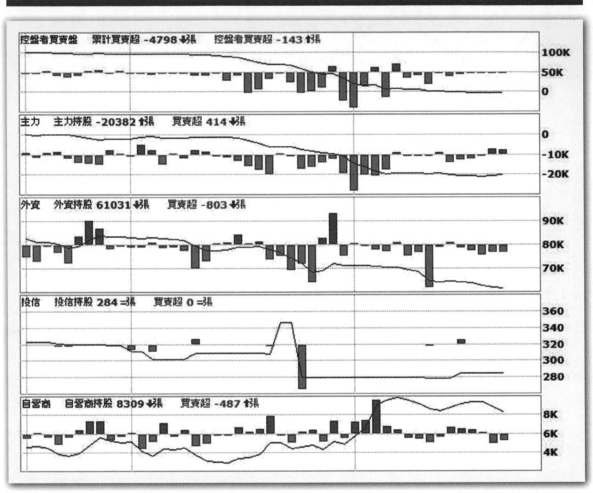

　　從表3-2，我們也看出，從2014年3月10日起到同年5月22日為止，外資幾乎是一路賣股票，非常持續。外資的「連續賣超」行為，給我們「放空」三陽的好「靈感」。

表3-2　法人在「三陽」的賣超相當可怕。

| 日期 | 外資買賣超 | 投信買賣超 | 自營商買賣超 | 三大法人合計買賣超 | 外資持股 | 投信持股 | 自營商持股 | 三大法人持股 | 外資持股比重 | 三大法人持股比重 |
|---|---|---|---|---|---|---|---|---|---|---|
| 2014/05/22 | -803 | 0 | -487 | -1,290 | 61,031 | 284 | 8,309 | 69,624 | 6.81% | 7.77% |
| 2014/05/21 | -744 | 0 | -633 | -1,377 | 61,564 | 284 | 8,796 | 70,644 | 6.87% | 7.88% |
| 2014/05/20 | -1,063 | 0 | 5 | -1,058 | 62,380 | 284 | 9,429 | 72,093 | 6.96% | 8.04% |
| 2014/05/19 | -528 | 0 | 238 | -290 | 63,433 | 284 | 9,424 | 73,141 | 7.08% | 8.16% |
| 2014/05/16 | -270 | 7 | 298 | 35 | 63,812 | 284 | 9,186 | 73,282 | 7.12% | 8.18% |
| 2014/05/15 | 206 | 0 | 428 | 634 | 64,083 | 277 | 8,888 | 73,247 | 7.15% | 8.17% |
| 2014/05/14 | -208 | 0 | -192 | -400 | 63,907 | 277 | 8,460 | 72,643 | 7.13% | 8.10% |
| 2014/05/13 | -4,621 | -1 | -621 | -5,243 | 64,115 | 277 | 8,652 | 73,043 | 7.15% | 8.15% |
| 2014/05/12 | -731 | 0 | -354 | -1,085 | 68,435 | 278 | 9,273 | 77,986 | 7.63% | 8.70% |
| 2014/05/09 | -1,192 | 0 | -236 | -1,428 | 69,123 | 278 | 9,627 | 79,028 | 7.71% | 8.82% |
| 2014/05/08 | 182 | 0 | 260 | 442 | 70,255 | 278 | 9,863 | 80,396 | 7.84% | 8.97% |
| 2014/05/07 | -651 | 0 | 526 | -125 | 70,068 | 278 | 9,603 | 79,949 | 7.82% | 8.92% |
| 2014/05/06 | -463 | 0 | 2,461 | 1,998 | 70,399 | 278 | 9,077 | 79,754 | 7.85% | 8.90% |
| 2014/05/05 | -50 | 0 | 953 | 903 | 70,862 | 278 | 6,616 | 77,756 | 7.91% | 8.67% |
| 2014/05/02 | 52 | 0 | 847 | 899 | 70,912 | 278 | 5,663 | 76,853 | 7.91% | 8.57% |
| 2014/04/30 | -1,110 | 0 | -293 | -1,403 | 70,860 | 278 | 4,816 | 75,954 | 7.91% | 8.47% |
| 2014/04/29 | 3,367 | 0 | 920 | 4,287 | 71,880 | 278 | 5,109 | 77,267 | 8.02% | 8.62% |
| 2014/04/28 | 646 | 0 | -521 | 125 | 68,513 | 278 | 4,189 | 72,980 | 7.64% | 8.14% |
| 2014/04/25 | -3,984 | 0 | 244 | -3,740 | 67,967 | 278 | 4,710 | 72,955 | 7.58% | 8.14% |
| 2014/04/24 | -1,986 | -68 | 113 | -1,941 | 71,961 | 278 | 4,467 | 76,705 | 8.03% | 8.56% |
| 2014/04/23 | -2,674 | 0 | -617 | -3,291 | 73,947 | 346 | 4,354 | 78,646 | 8.25% | 8.77% |
| 2014/04/22 | -1,105 | 0 | -40 | -1,145 | 76,496 | 346 | 4,971 | 81,812 | 8.53% | 9.13% |
| 2014/04/21 | -1,557 | -1 | 1,291 | -267 | 77,591 | 346 | 5,011 | 82,947 | 8.66% | 9.25% |
| 2014/04/18 | 243 | 0 | 347 | 590 | 79,148 | 347 | 3,720 | 83,214 | 8.83% | 9.28% |
| 2014/04/17 | 107 | 0 | 107 | 214 | 78,905 | 347 | 3,373 | 82,624 | 8.80% | 9.22% |
| 2014/04/16 | 1,071 | 0 | 450 | 1,521 | 78,798 | 347 | 3,266 | 82,410 | 8.79% | 9.19% |

| 日期 | 外資買賣超 | 投信買賣超 | 自營商買賣超 | 三大法人合計買賣超 | 外資持股 | 投信持股 | 自營商持股 | 三大法人持股 | 外資持股比重 | 三大法人持股比重 |
|---|---|---|---|---|---|---|---|---|---|---|
| 2014/04/15 | 196 | 0 | -92 | 104 | 77,727 | 347 | 2,816 | 80,889 | 8.67% | 9.02% |
| 2014/04/14 | 110 | 0 | -38 | 72 | 77,531 | 347 | 2,908 | 80,785 | 8.65% | 9.01% |
| 2014/04/11 | -1,711 | 0 | -674 | -2,385 | 77,421 | 347 | 2,946 | 80,713 | 8.64% | 9.00% |
| 2014/04/10 | -2,498 | 8 | -836 | -3,327 | 79,302 | 347 | 3,620 | 83,268 | 8.85% | 9.29% |
| 2014/04/09 | -553 | 0 | 252 | -301 | 81,800 | 339 | 4,456 | 86,594 | 9.13% | 9.66% |
| 2014/04/08 | -207 | 0 | -152 | -359 | 82,452 | 339 | 4,204 | 86,995 | 9.20% | 9.71% |
| 2014/04/07 | -318 | 0 | 799 | 481 | 82,659 | 339 | 4,356 | 87,354 | 9.22% | 9.75% |
| 2014/04/03 | 164 | -10 | -515 | -361 | 82,977 | 339 | 3,557 | 86,873 | 9.26% | 9.69% |
| 2014/04/02 | -163 | 0 | -1,040 | -1,203 | 82,813 | 349 | 4,072 | 87,234 | 9.24% | 9.73% |
| 2014/04/01 | -222 | -7 | 89 | -140 | 82,886 | 349 | 5,112 | 88,347 | 9.25% | 9.86% |
| 2014/03/31 | -80 | 0 | -147 | -227 | 83,310 | 356 | 5,023 | 88,689 | 9.29% | 9.89% |
| 2014/03/28 | -352 | -1 | -419 | -772 | 83,390 | 318 | 5,170 | 88,878 | 9.30% | 9.92% |
| 2014/03/27 | 1,749 | 0 | 925 | 2,674 | 83,642 | 319 | 5,589 | 89,549 | 9.33% | 9.99% |
| 2014/03/26 | 2,616 | 0 | 873 | 3,489 | 81,778 | 319 | 4,664 | 86,760 | 9.12% | 9.68% |
| 2014/03/25 | 837 | 0 | 272 | 1,109 | 79,162 | 319 | 3,791 | 83,272 | 8.83% | 9.29% |
| 2014/03/24 | -1,899 | -2 | -189 | -2,090 | 78,315 | 319 | 3,519 | 82,152 | 8.74% | 9.16% |
| 2014/03/21 | -767 | -2 | -720 | -1,489 | 80,279 | 321 | 3,708 | 84,307 | 8.96% | 9.41% |
| 2014/03/20 | -129 | 0 | -193 | -322 | 81,036 | 323 | 4,428 | 85,786 | 9.04% | 9.57% |
| 2014/03/19 | -1,766 | 0 | 95 | -1,671 | 81,167 | 323 | 4,621 | 86,110 | 9.05% | 9.61% |
| 2014/03/18 | -1,222 | 0 | -279 | -1,501 | 82,823 | 323 | 4,526 | 87,671 | 9.24% | 9.78% |
| 2014/03/17 | -1,309 | 0 | 987 | -322 | 84,403 | 323 | 4,805 | 89,530 | 9.42% | 9.99% |
| 2014/03/14 | -1,305 | 0 | -162 | -1,467 | 85,682 | 323 | 3,818 | 89,822 | 9.56% | 10.02% |
| 2014/03/13 | 285 | 0 | -247 | 38 | 86,987 | 323 | 3,980 | 91,289 | 9.70% | 10.18% |
| 2014/03/12 | -422 | -1 | -68 | -491 | 86,652 | 323 | 4,227 | 91,201 | 9.67% | 10.17% |
| 2014/03/11 | -868 | 0 | 16 | -852 | 87,556 | 324 | 4,295 | 92,174 | 9.77% | 10.28% |
| 2014/03/10 | -192 | -1 | 70 | -123 | 88,379 | 324 | 4,279 | 92,981 | 9.86% | 10.37% |
| 合計 | -27,891 | -79 | 4,101 | -23,870 | | | | | | |

# 放空攻略 3 》
# 標的／看排行

追強勢股票，
常常追到山頂上，
很不安全！
而追殺弱勢股呢？
學習贏家的追空技巧，
並做足功課，
下一個放空贏家就是你。

# 從失敗類股，
## 尋找勝利契機

三國時期曹操說過：「吾任天下之智力，以道禦之，無所不可。」意思是說，我不管天下謀士智謀的力量是多麼強大，只要用我的『道』來抵擋一切的計謀，沒什麼可怕的。股市也是一樣，把握了選股的「道」、選股的「大原則」，一切陰謀陽謀都微不足道。

股市選股猶如挑選人才。有人認為，「相馬論」是靠不住的，即使是伯樂的兒子，拿著伯樂的《相馬經》去找良馬，最後也「相」回來了一隻青蛙！於是，出現了「賽馬論」。

所謂賽馬論，是指一個公司的老闆必須為其所有的員工提供公平的競爭環境，通過公平的競爭，讓所有的員工都得到充分有效的利用與合理的配置，從而產生較高的企業效益。

賽馬論的制定過程是什麼？

制定科學的賽馬程式，應該分為以下的步驟：

❶ 公告。人事部先張貼佈告，凡是有意向員工都可以向人事部遞交申請書。

❷ 考試。包括：體能考試、論文考試、知識筆試和口頭考試。

❸ 平衡。人事都對申請人進行初評，然後提出名單，由經理決定。

❹ 面談。被初選的員工，必須由選拔委員會的成員和他們面談。每次面談後，委員會根據選拔標準，對申請人評分。

❺ 訓練。訓練的內容是新崗位所需要的專業技能和相關知識。

❻ 考評。通過訓練，對候選人學習能力、應變能力、協調能力等進行評價。

❼ 正式任命。

「賽馬論」有個經典的案例，「海爾集團」老闆明確主張「人人是人才，賽馬不相馬」，這樣才能提供公平競爭的機會和環境。海爾的理論用在台股，亦無不可。

一檔股票能不能讓你賺錢？相馬沒有用，賽馬才見分曉！

誠如香港的賽馬場的馬匹，究竟誰會贏、誰會輸，觀眾是賭出來的，而精明的行家從它的輸贏比例，就可以得到比較有勝算的答案。因為賽馬的馬匹是老實的「畜生」，而不是狡詐的「人」。人太聰明了，會作弊，而馬匹不會。

基於這個道理，股市選股，不妨從其勝率、敗率研判是好股，還是爛股？適合作多，還是適合放空？這就是把「賽馬論」原理運用到股市，作為選股技巧之一。

至於「放空」，那就是要從敗類中揪出「害群之馬」。

所謂「敗類」，意思就是在表現最差的類股之中，找出最失敗的個股。那就是弱勢族群中的弱勢股！

寫財經書的作者如果不是實戰的第一線選手，往往不容易找到「類股齊漲現象」的實例並加以說明；指導投資的教授，如果沒有圖表的介紹、個股明細的資料，學生聽起來就「霧煞煞」，沒辦法學到什麼功夫。所幸筆者是一天到晚都針對台股研究的實證主義者，剛好就在寫作的前一天找到實例，並予以截圖說明。

表4-1是某一天「水泥類股」整體的表現，明顯是「類股齊漲」的現象。附圖4-1、4-2、4-3分別是當天嘉泥、台泥、亞泥的分時走勢圖。

表4-1　某日水泥類股的盤後資訊

| 代碼 | 商品 | 股本 | 成交 | 開盤 | 最高 | 最低 | 漲幅 % | 內外盤比 % | 法人買賣超 | 換手率 % | 振幅 % |
|---|---|---|---|---|---|---|---|---|---|---|---|
| 1101 | 台泥 | 369.22 | 48.4 | 46.4 | 49.45 | 46.4 | 4.54 | 68.96% | 7683 | 0.63 | 6.59 |
| 1102 | 亞泥 | 307.53 | 46.75 | 45.7 | 48.3 | 45.45 | 3.43 | 62.62% | 2249 | 0.54 | 6.31 |
| 1103 | 嘉泥 | 73.22 | 20.3 | 19 | 20.3 | 19 | 6.84 | 88.65% | 1045 | 1.61 | 6.84 |
| 1104 | 環泥 | 60.39 | 18.35 | 18.45 | 18.75 | 18.1 | 0.27 | 62.87% | 129 | 0.44 | 3.55 |
| 1108 | 幸福 | 40.47 | 7.31 | 7.2 | 7.39 | 7.17 | 1.53 | 72.25% | -3 | 0.36 | 3.06 |
| 1109 | 信大 | 42.10 | 11.5 | 11.4 | 11.6 | 11.4 | 1.32 | 70.91% | 9 | 0.07 | 1.76 |
| 1110 | 東泥 | 57.20 | 12.5 | 12.15 | 12.55 | 12.15 | 2.88 | 80.29% | 35 | 0.09 | 3.29 |

圖4-1　嘉泥分時走勢圖

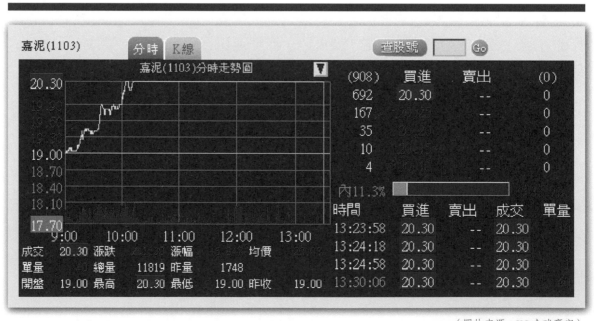

（圖片來源：XQ全球贏家）

圖4-2　台泥分時走勢圖

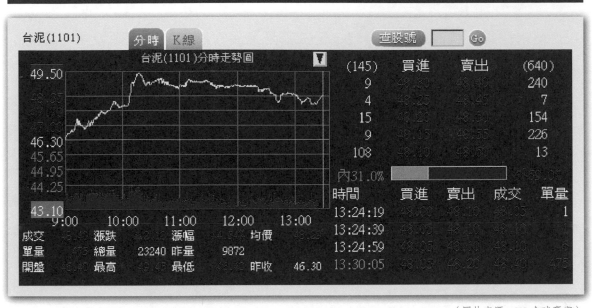

（圖片來源：XQ全球贏家）

圖4-3　亞泥分時走勢圖

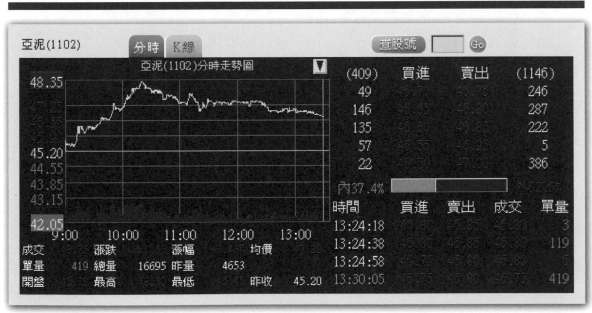

（圖片來源：XQ全球贏家）

根據這天盤後資訊整理出來的表中，我們可以發現類股齊漲有以下這些現象：

　　一、在上市的股票中，共有七檔水泥股；上櫃的股票，沒有水泥股。在上市的七檔水泥股，整體的股價表現，全部都是上漲的。其中的龍頭股是「台泥」（1101）。它和亞泥（1102）一樣都有高達300多億以上的股本。和信集團的台泥這檔股票，一向也是傳統產業的龍頭，在它大漲之後，和信集團的股票在收盤之後，八檔股票也有七檔是上漲的（信昌化因漲多了稍作休息）。

　　雖然「台泥」是龍頭股，嘉泥（1103）卻是「領頭羊」。從當天水泥股的「分時走勢圖」可以看出，嘉泥是最先漲停、也是姿態最高的個股。也許由於籌碼沈澱比較徹底，嘉泥既經漲停之後，就沒再打開過，不像台泥、亞泥都只打了半場好球。

　　二、水泥股為什麼大漲呢？

　　檢查融資融券「警示資訊」就知道--台泥不能融資，也不能融券；嘉泥可以融資，但不能融券；東泥也是可以融資，不能融券。這是非常異常的情形。至於亞泥、環泥、幸福、信大，就都是正常的──「融資成數六成、融券成數九成」。這說明了：它們多半已步入即將除權、除息的階段。

　　三、法人的買賣超數據，可以看出有沒有類股齊漲的條件。如在當天水泥股大漲之前，台泥就累積了7683張的買超量，亞泥就有2249張的買超量，嘉泥也有1045張的買超量。

　　在七檔的水泥股中，以台泥、亞泥、嘉泥這三檔股票的法人買超量較多，所以當天的表現，也很明顯地以這三檔的漲幅較大。

　　當類股齊漲齊跌的時候，整體的類股的「量」會全部放大。台泥的成交量由前一天的9916張，放大到23240張，是2.34倍；亞泥由4677張，放大到16695張，是3.56倍；嘉泥由1751張，放大到11819張，是6.74倍；環泥由1335張，放大到2645張，是1.98倍；幸福由509張，放大到1467張，是2.88倍；信大由54張，放大到276張，是5.11倍；東泥由102張，放大到499張，是4.89倍。

表4-2

| 股名 | 融資 | 增減差額 | 融資使用率 | 融券 | 增減差額 | 券資比 | 昨量 | 總量 | 當日沖銷 |
|---|---|---|---|---|---|---|---|---|---|
| 台泥 | 10734張 | -1746張 | 1.16% | 0張 | 0張 | 0.00% | 9916 | 23240 | 0張 |
| 亞泥 | 7250張 | 1092張 | 0.94% | 1460張 | 29張 | 20.14% | 4677 | 16695 | 1359張 |
| 嘉泥 | 16696張 | 1572張 | 9.12% | 0張 | -134張 | 0.00% | 1751 | 11819 | 0張 |
| 環泥 | 6285張 | -337張 | 4.16% | 19張 | 17張 | 0.30% | 1335 | 2645 | 478張 |
| 幸福 | 9475張 | 220張 | 9.36% | 4張 | 0張 | 0.04% | 509 | 1467 | 262張 |
| 信大 | 1541張 | 0張 | 1.46% | 0張 | 0張 | 0.00% | 54 | 276 | 14張 |
| 東泥 | 6988張 | 157張 | 4.89% | 0張 | 0張 | 0.00% | 102 | 499 | 0張 |

　　四、根據筆者的觀察，水泥股那次「類股齊漲」的現象，基本上是失敗的。主因是彼此之間的除權除息日期並不一致，所以要漲要跌的腳步就無法統一。嘉泥漲停鎖到底，而台泥、亞泥都在漲停後就打開並往下走，可見並非「合作無間」。其次，水泥類股的「類股齊漲現象」露出敗相，主要是量能萎縮。本來在第三天是理想的放空點，可惜不能融券。由此，我們也可以得到一個結論，就是利用「類股齊漲現象」來放空，最好避開除權息的階段，因為有融券有強迫回補的問題，同時除息、除權前必須停止融券。

# 跌幅排行榜，
## 發掘弱勢股

　　為了避免說得太籠統，筆者把相關的訊息，都花了很大的功夫，一一整理出來。各位讀者可以把這本書當做工具書，在搞不清楚什麼類股有什麼個股、什麼集團有什麼個股，它們的相關資料，筆者都已經查得清清楚楚了。

　　首先，我們來看看，股市有哪些類股？首先，我們要知道台股有哪些產業？主產業包括：水泥、食品飲料、石化、紡織、電機機械、電器電纜、化學工業、建材居家用品、造紙、鋼鐵金屬、車輛相關、電子、營建地產、運輸、觀光休閒娛樂、金融相關、百貨通路、公共建設、控股、生技醫療保健、初級產業、航天軍工、採掘業、傳播出版、綜合、傳產其他。這些產業大致都可被分成十九大類股：

| | | |
|---|---|---|
| ❶　水泥類股。 | ❺　化學生技醫療類股 | ❾　電子類股 |
| ❷　觀光類股 | ❻　電器電纜 | ❿　貿易百貨類股 |
| ❸　橡膠類股 | ❼　其他類股 | ⓫　鋼鐵類股 |
| ❹　汽車類股 | ❽　造紙類股 | ⓬　電機機械類股 |

⑬　食品類股　　　　⑯　金融保險類股　　　　⑲　塑膠類股

⑭　航運類股　　　　⑰　紡纖纖維類股

⑮　建材營造類股　　⑱　玻璃陶瓷類股


　　以上這十九類股的分法，比較大的綜合證券商的網站都應該有「股價漲幅排行表」之類的資料，可以查詢。當然要「放空」的話，是找「股價跌幅排行榜」了。

　　舉例來說，2014年5月23日的跌幅排行榜，就是如圖4-4：


圖4-4　2014年5月 23日上市公司類股排行榜

| 類股名稱 | 時間 | 指數 | 漲跌 | 漲幅% △ | 成交值 | 成交比重% | 平均比重% | 比重差% |
|---|---|---|---|---|---|---|---|---|
| 橡膠 | 13:35 | 402.68 | ▼ 1.02 | -0.25 | 11.23 | 1.16 | 1.47 | -0.31 |
| 觀光 | 13:35 | 140.21 | ▼ 0.23 | -0.16 | 1.46 | 0.15 | 0.16 | -0.01 |
| 汽車 | 13:35 | 307.03 | ▼ 0.41 | -0.13 | 8.27 | 0.86 | 0.80 | +0.06 |
| 建材營造 | 13:35 | 294.54 | ▼ 0.36 | -0.12 | 6.52 | 0.68 | 0.74 | -0.06 |
| 其他 | 13:35 | 243.60 | ▼ 0.26 | -0.11 | 18.43 | 1.91 | 2.90 | -0.99 |
| 電器電纜 | 13:35 | 40.56 | ▼ 0.03 | -0.07 | 1.61 | 0.17 | 0.26 | -0.09 |
| 航運業 | 13:35 | 73.71 | ▲ 0.02 | +0.03 | 6.04 | 0.63 | 0.69 | -0.06 |
| 玻璃陶瓷 | 13:35 | 64.55 | ▲ 0.02 | +0.03 | 0.38 | 0.04 | 0.07 | -0.03 |
| 塑膠 | 13:35 | 227.34 | ▲ 0.17 | +0.07 | 16.18 | 1.68 | 1.80 | -0.12 |
| 水泥 | 13:35 | 147.59 | ▲ 0.11 | +0.07 | 9.17 | 0.95 | 1.11 | -0.16 |
| 食品 | 13:35 | 1222.46 | ▲ 2.22 | +0.18 | 10.76 | 1.12 | 0.98 | +0.14 |
| 電機機械 | 13:35 | 169.91 | ▲ 0.64 | +0.38 | 33.70 | 3.50 | 3.50 | -0.00 |
| >>鋼鐵 | 13:35 | 98.39 | ▲ 0.49 | +0.50 | 8.90 | 0.92 | 1.14 | -0.22 |
| 電子 | 13:35 | 353.61 | ▲ 1.75 | +0.50 | 691.98 | 71.79 | 69.18 | +2.61 |
| 化學生技醫療 | 13:35 | 114.37 | ▲ 0.58 | +0.51 | 20.31 | 2.11 | 2.73 | -0.62 |
| 金融保險 | 13:35 | 998.96 | ▲ 6.65 | +0.67 | 50.17 | 5.21 | 5.24 | -0.03 |
| 紡織纖維 | 13:35 | 509.43 | ▲ 4.42 | +0.88 | 15.93 | 1.65 | 2.06 | -0.41 |
| 造紙 | 13:35 | 182.38 | ▲ 1.89 | +1.05 | 1.31 | 0.14 | 0.11 | +0.03 |
| 貿易百貨 | 13:35 | 249.83 | ▲ 4.06 | +1.65 | 8.05 | 0.83 | 0.91 | -0.08 |

（圖片來源：XQ全球贏家）

以上的各類股股價漲跌幅排行榜，是2014年5月23日的盤後資料。各大綜合證券商看盤室、貴賓室或股票專業軟體在盤中都有這樣的資料，可供即時檢索。

以圖4-4來說，2014年5月23日的橡膠類股是表現最差的。橡膠股有哪些呢？請看在表4-3所整理出來的資料：

表4-3

| 商品 | 代碼 | 成交 | 漲幅% | 開盤 | 最高 | 最低 | 股本 | 一週% | 一月% | 一季% | 半年% | 一年% |
|---|---|---|---|---|---|---|---|---|---|---|---|---|
| F-六暉 | 2115 | 55.8 | 3.91 | 53.5 | 57.3 | 51.5 | 6.76 | +24.28 | +23.73 | +31.91 | -- | -- |
| 厚生 | 2107 | 29.75 | 0.85 | 29.5 | 29.8 | 29.5 | 49.72 | 0.00 | +1.71 | +3.66 | +4.94 | +33.97 |
| 台橡 | 2103 | 44.95 | 0.67 | 44.65 | 44.95 | 44.65 | 78.64 | +1.70 | -0.44 | +7.92 | +8.57 | -20.39 |
| 泰豐 | 2102 | 21.8 | 0.23 | 21.8 | 21.9 | 21.65 | 42.33 | -0.46 | -4.39 | -7.43 | -1.36 | +11.07 |
| 南帝 | 2108 | 18.45 | 0 | 18.45 | 18.5 | 18.4 | 39.90 | -1.34 | -3.66 | -3.15 | -5.38 | -1.18 |
| 正新 | 2105 | 80.3 | -0.25 | 80.2 | 80.5 | 79.2 | 324.14 | -0.99 | -9.98 | +2.29 | +7.93 | -0.26 |
| 南港 | 2101 | 35.85 | -0.42 | 36 | 36.45 | 35.8 | 87.99 | -2.85 | -0.69 | -1.51 | +0.14 | -0.69 |
| 中橡 | 2104 | 29.45 | -0.51 | 29.5 | 29.6 | 29.4 | 54.92 | -1.67 | +0.34 | +5.37 | +5.56 | -0.78 |
| 華豐 | 2109 | 21 | -0.94 | 21.05 | 21.45 | 21 | 33.68 | -3.67 | -4.98 | -5.83 | +8.75 | +88.10 |
| 建大 | 2106 | 70.4 | -1.12 | 71.2 | 71.2 | 70.3 | 76.30 | -0.71 | -4.22 | -1.26 | +15.98 | +24.10 |
| 鑫永銓 | 2114 | 112 | -1.75 | 115.5 | 115.5 | 110 | 6.14 | +11.44 | +19.28 | +32.86 | +40.53 | +35.64 |

在這天的橡膠類股中最差的是「鑫永銓」（2114），它是一檔股本只有6.14億的小型股，跌幅1.75％，比「建大」更差。我們看來，這些股票的倒數三名中，「華豐」（2109）比較容易被人炒作，「建大」（2106)也偶有佳作，何況它的日線圖已呈現「橫盤」了，並不宜作放空的選擇。只有「鑫永銓」（2114）才是最佳標的。試看它前一天的走勢，就可以發現每當被拉起時就被打下來，看來似乎漲多了，亟待休息。

請看「鑫永銓」（2114)在2014年5月22日的走勢圖（圖4-5），它當天從110元拉升到118元以後，就滑下來了。

圖4-5　這是「鑫永銓」（2114)在2014年5月22日的走勢圖。

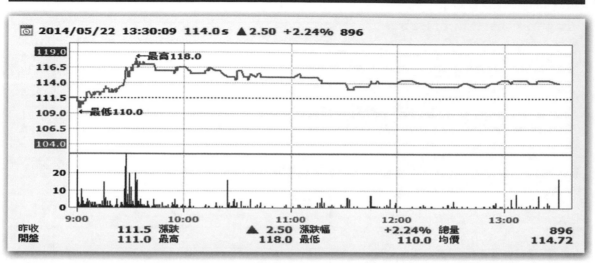

　　請再看圖4-6，可以發現外資對「鑫永銓」態度，在5月22日已轉買為賣。

　　圖4-7，「鑫永銓」在往上的行情中，融資增加，融券卻沒增加，這樣的股票沒有軋空的力道。何況成交量呈現價量背離，KD當然要交叉往下了。

圖4-6　外資對於「鑫永銓」（2114)的態度，在2014年5月22日已轉買為賣。

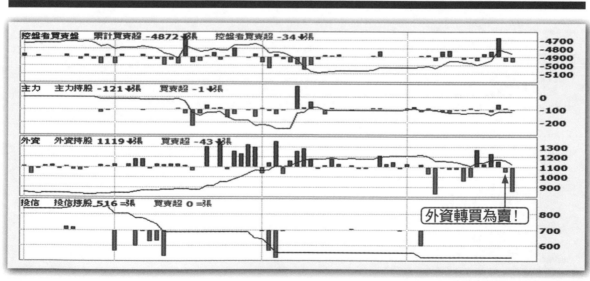

圖4-7　在往上行情中，融資增加，融券卻沒增加，這樣的股票沒有軋空的力道。

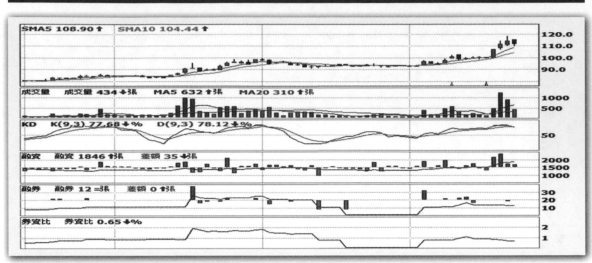

　　在2014年5月23日的各種徵兆中，發現它是可以放空的股票。請看圖4-8「鑫永銓」的走勢圖，開盤115.5元已經算是最高價了，盤中有高，都是空點，最低來到110元，收盤 112元，算是「開高走低」，適合「先券後資」的操作模式。

圖4-8　「鑫永銓」（2114)在2014年5月23日的走勢圖。

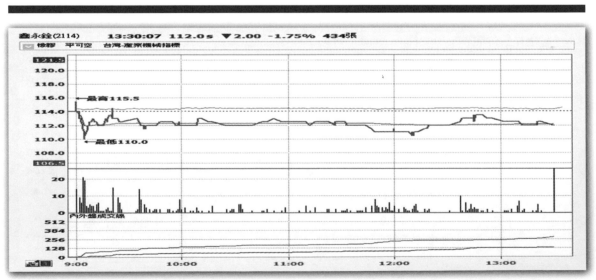

# 多頭盤放空，
## 小確幸獲利即止

　　要證明一檔股票的放空對不對，最好的方法就是拿個股與大盤作比較。

　　見圖4-9，圖上是「鑫永銓」（2114)在2014年5月23日的走勢圖，圖下則是當天的加權走勢圖。當天「鑫永銓」一直在盤下，大盤則一直在盤上。明顯的，是大盤強於「鑫永銓」，而不是「鑫永銓」強於大盤。所以，這一天是作多的時刻，並非作空的好時機，筆者只是藉這個例子來說明如何選擇作空的標的而已。能賺一兩元的「鑫永銓」，就該滿足了。接著再看圖4-10，「鑫永銓」是可以融券的股票。但是它不能「現股當沖」，所以即使是股市新手，只要已經合乎信用交易資格的時候，就應該取得信用交易資格，一旦有利用資券交易的時候，就可以虎虎生風地操作。當某一類股表現差的時候，該類股一定有一些買氣很衰的股票，這就是放空的標的物。我們說過，太激烈的股票不要去碰它，這也括小型股和強勢股。因為小型股籌碼很少，主控的人心裡怎麼打算的，我們並不知道，還是別惹它比較好。不過「鑫永銓」雖然也是小型股，但依前文所述它已具備「休息」的條件，那就例外。

圖4-9　「鑫永銓」（2114)在2014年5月23日和大盤的比較。

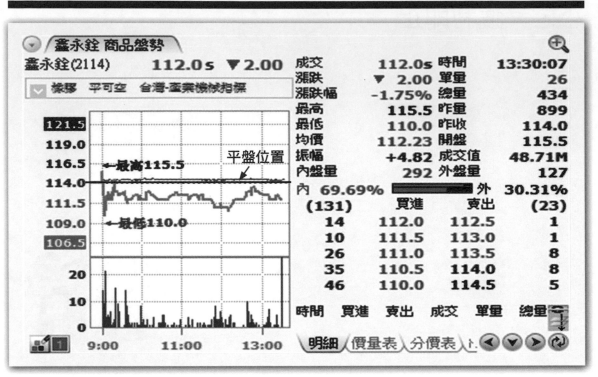

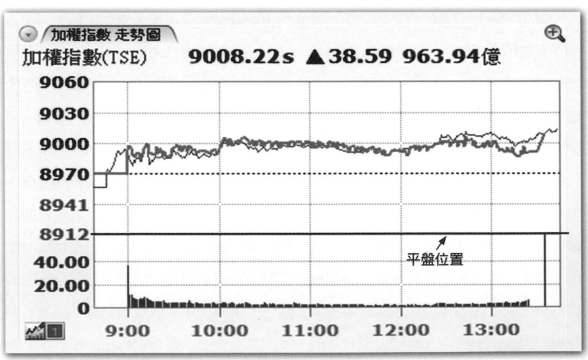

（圖片來源：XQ全球贏家）

另外，強勢股本來就不宜放空，但若熟悉股性，也是有例外的。所以學習股票，一定不要抱殘守缺、墨守成規，要徹底研究它的道理，而不要奉行教條主義。

大盤的影響力不可忽視。當類股齊跌時，強勢股除非已經漲停板鎖住，否則通常也會被拖下來問斬。於是，你滿懷壯志地放空它，不料它突然垂死掙扎一番，突然又向上急拉，而且青雲直上、氣勢很盛，你怕被軋到漲停板，趕快認賠回補。不料，它在連拉兩、三波之後，沒力氣了。賣壓紛至沓來，主力覺得吃力，就會反手殺下來，直到盤下。這時你不得不跺腳長嘆：「啊！剛剛不回補就好了！」

所以，不知股性的股票不宜躁進。一般來說，一開盤就沒「量」的股票，就代表主力今天不玩了。不過，這裡面仍有學問。那就是：主力可能是在「裝死」。所以，前一晚就必須做功課的道理，就在這裡。有些三大法人認養的股票，最喜歡假死、裝孬，等你以為它不會動了、準備踢它一腳的時候，操盤手又出來大展身手了。所以，股票背後的籌碼掌控者是何方神聖，最好摸清楚。

圖4-10　「鑫永銓」是可以融券的股票。

| 2114鑫永銓 | 個股代碼/名稱： | | 查詢 |
|---|---|---|---|
| 股價　重大行事曆　警示資訊 | | | |
| 市場別 | 集中 | 交易狀況 | 正常 |
| 主管機關警示 | 正常 | 撮合作業 | 正常 |
| 單筆預繳單位 | 0 | 累計預繳單位 | 0 |
| 融資買進交易 | 正常 | 融券賣出交易 | 正常 |
| 融資賣出交易 | 正常 | 融券買回交易 | 正常 |
| 融資成數 | 60% | 融券成數 | 90% |
| 現股當沖 | --- | | |

## 放空必做的小功課之一：
## 摸清盤下可以放空的個股

在你決定放空的前一天晚上，要做的功課。

其中應包括弄清楚「有沒有融資融券」、「可不可以盤下放空」、「可以現股當沖嗎」……等等。

現今的制度在平盤下可以融(借)券賣出的股票很多，但也有些限制，並非每一檔都可以。為了避免弄錯，應仔細加以研究才能出手，以免遭受損失。

表4-4是證交所網站的資料彙整範例，投資人應於前一天晚上事先上網查好資料。

---

＊係未具信用交易資格者，或暫停信用交易資格者，或具信用交易資格但當日暫停融券者，或有其他規定無法進行融券賣出者。
＊係借券賣出達規定之比例或有其他規定無法借券賣出者。

表4-4 現今在平盤下可以融(借)券賣出之證券名單 （本資料來自證交所網站）

| 證券代號 | 證券名稱 | 融券賣出 | 借券賣出 | 證券代號 | 證券名稱 | 融券賣出 | 借券賣出 | 證券代號 | 證券名稱 | 融券賣出 | 借券賣出 |
|---|---|---|---|---|---|---|---|---|---|---|---|
| 50 | 台灣50 | | | 2204 | 中華 | | | 2834 | 臺企銀 | | |
| 51 | 中100 | | | 2206 | 三陽 | | | 2845 | 遠東銀 | | |
| 52 | FB科技 | | | 2207 | 和泰車 | | | 2855 | 統一證 | | |
| 53 | 寶電子 | | | 2227 | 裕日車 | * | | 2880 | 華南金 | | |
| 54 | 台商50 | | | 2301 | 光寶科 | | | 2881 | 富邦金 | | |
| 55 | 寶金融 | | | 2303 | 聯電 | | | 2882 | 國泰金 | | |
| 56 | 高股息 | | | 2308 | 台達電 | | | 2883 | 開發金 | | |
| 57 | FB摩台 | * | | 2311 | 日月光 | * | | 2884 | 玉山金 | | |
| 58 | FB發達 | | | 2317 | 鴻海 | | | 2885 | 元大金 | | |
| 59 | FB金融 | | | 2324 | 仁寶 | | | 2886 | 兆豐金 | | |
| 60 | 新台灣 | | | 2325 | 矽品 | | | 2887 | 台新金 | | |
| 61 | 寶滬深 | | | 2327 | 國巨 | | | 2888 | 新光金 | | |
| 6203 | 寶摩臺 | | | 2330 | 台積電 | | | 2889 | 國票金 | | |
| 6204 | 豐臺灣 | | | 2337 | 旺宏 | * | | 2890 | 永豐金 | | |
| 6205 | FB上証 | | | 2344 | 華邦電 | * | | 2891 | 中信金 | | |
| 6206 | 元上證 | | | 2347 | 聯強 | | | 2892 | 第一金 | | |
| 6207 | FH滬深 | | | 2353 | 宏碁 | | | 2903 | 遠百 | | |
| 6208 | FB台50 | | | 2354 | 鴻準 | | | 2912 | 統一超 | | |
| 80 | 恒中國 | | | 2356 | 英業達 | | | 2915 | 潤泰全 | | |
| 81 | 恒香港 | | | 2357 | 華碩 | | | 3008 | 大立光 | | |
| 8201 | 上證50 | | | 2360 | 致茂 | | | 3034 | 聯詠 | | |
| 1101 | 台泥 | | | 2362 | 藍天 | | | 3037 | 欣興 | | |
| 1102 | 亞泥 | | | 2379 | 瑞昱 | | | 3044 | 健鼎 | | |
| 1201 | 味全 | | | 2382 | 廣達 | | | 3045 | 台灣大 | | |

| 證券代號 | 證券名稱 | 融券賣出 | 借券賣出 | 證券代號 | 證券名稱 | 融券賣出 | 借券賣出 | 證券代號 | 證券名稱 | 融券賣出 | 借券賣出 |
|---|---|---|---|---|---|---|---|---|---|---|---|
| 1216 | 統一 | | | 2384 | 勝華 | | | 3189 | 景碩 | | |
| 1227 | 佳格 | | | 2385 | 群光 | | | 3231 | 緯創 | | |
| 1234 | 黑松 | | | 2392 | 正崴 | | | 3481 | 群創 | | |
| 1301 | 台塑 | | | 2395 | 研華 | | | 3673 | F-TPK | | |
| 1303 | 南亞 | | | 2409 | 友達 | | | 3697 | F-晨星 | | |
| 1304 | 台聚 | | | 2412 | 中華電 | | | 3702 | 大聯大 | | |
| 1314 | 中石化 | | | 2448 | 晶電 | | | 4904 | 遠傳 | | |
| 1326 | 台化 | | | 2449 | 京元電 | | | 4938 | 和碩 | | |
| 1402 | 遠東新 | | | 2450 | 神腦 | | | 4958 | F-臻鼎 | | |
| 1434 | 福懋 | | | 2451 | 創見 | | | 5264 | F-鎧勝 | | |
| 1440 | 南紡 | | | 2454 | 聯發科 | | | 5522 | 遠雄 | | |
| 1476 | 儒鴻 | | | 2458 | 義隆 | | | 5534 | 長虹 | | |
| 1504 | 東元 | | | 2474 | 可成 | | | 5871 | F-中租 | | |
| 1507 | 永大 | | | 2498 | 宏達電 | | | 5880 | 合庫金 | | |
| 1590 | F-亞德 | | | 2501 | 國建 | | | 6005 | 群益證 | | |
| 1605 | 華新 | | | 2511 | 太子 | | | 6116 | 彩晶 | | |
| 1704 | 榮化 | | | 2542 | 興富發 | | | 6176 | 瑞儀 | | |
| 1710 | 東聯 | | | 2545 | 皇翔 | | | 6239 | 力成 | | |
| 1717 | 長興 | | | 2548 | 華固 | | | 6269 | 台郡 | | |
| 1722 | 台肥 | | | 2603 | 長榮 | | | 6286 | 立錡 | | |
| 1723 | 中碳 | | | 2606 | 裕民 | | | 6505 | 台塑化 | | |
| 1789 | 神隆 | | | 2607 | 榮運 | | | 8046 | 南電 | | |
| 1802 | 台玻 | | | 2609 | 陽明 | | | 8078 | 華寶 | | |
| 1907 | 永豐餘 | | | 2610 | 華航 | * | | 8422 | 可寧衛 | | |
| 2002 | 中鋼 | | | 2615 | 萬海 | | | 9904 | 寶成 | | |

## 放空必做的小功課之二：
從非主流類股找出熟悉的放空標的

哪一種產業，你最懂呢？

也許你在銀行待過，所以你對金融業比較熟悉；也許你在電子公司待過，你對電子零件的報價變化比較了解……你過去的經歷，當然是你熟悉的行業，至少你有人脈、門路，可以多一點消息管道來源。這對於股票的基本面的深入研究，自然有一定的幫助。

所謂報紙媒體、公司宣布的消息，都是浮光掠影的第二手資料。直接從上市公司內部搞到情報，或有機會進入該公司進行深度觀察，當然有利於選股的判斷。如果再加上一些「即時資訊」，那就如虎添翼了。

股市裡常說：「長線短線不如一條內線，千線萬線不如一通電話線。」意思就是，從公司內部員工去打聽，才具有第一手消息的價值。

其實，每一位投資人不一定玩的是自己所在行業的股票。例如某人不見得在鋼鐵業待過，也未必有鋼鐵業的朋友，但是他常玩鋼鐵股，一下是春雨，一下是東

鋼、一下是中鋼，玩來玩去都是鋼鐵股，久而久之，他就是這方面的專家了。對於這一類股的經常股價、歷史位置，自然都瞭若指掌，所以這一類股就是他所熟悉的類股。

每一段時期，可能都有一個主流類股。

我記得有一個暑假，朋友一直告訴我「哇！××股票又漲停了！」「××股票又漲停了！」他講來講去，都是遊戲機的股票，沒錯，那段時期遊戲機產業的電子類股一直有一起大漲的跡象，確實是當時的「主流股」。他特別關心那個產業，所以發現到了。

還有一陣子，太陽能的產業類股非常熱門，一下子，新日光漲停板了，景碩漲停板了、全新漲停板了，強茂漲停板了；一下子，合晶、中美晶、昱晶也都漲停板了；再不然，就是小型股九豪、帆宣也漲停板了。

這就是主流股。

美其名叫「太陽能概念股」。後來，參與「太陽能概念股」的越來越多，包括台積電、聯電、錸德、中環、大同、友達、奇美電、茂矽、億光……等等，乃至玻璃股的台玻、塑膠股的台塑、台聚、電器電纜類股的華新、化學生技醫療類股的榮化等等，全被編入了「太陽能概念股」。彷彿被編入其中，股價就會跟著翻身似的。現在算一算，總共多達89檔！真是「族繁不及備載」啊！

然而，如今呢？

過去了。

長江後浪推長浪，熱潮總會退了的主流股，就會被打入非主流股。而非主流股正是「放空」的標的物！看看他們的一週、一月、一季、半年、一年的股價表現吧！限於篇幅，這裡僅選擇20檔「太陽能概念股」弱勢股作為代表。

表4-5，是20檔截稿前近一季以來的「太陽能概念股」弱勢股。若「太陽能概念股」由弱轉強，這些股票也不適合放空。我們要研究哪些類股是主流股，哪些是非主流股。

表4-5　自2014年2月底以來一季的20檔「太陽能概念股」弱勢股

| 商品 | 代碼 | 股本 | 振幅% | 換手率% | 一週% | 一月% | 一季% | 半年% | 一年% |
|---|---|---|---|---|---|---|---|---|---|
| 陽光能 | 9157 | 1.17 | 1.21 | 0.08 | -0.40 | -3.49 | -7.09 | -1.97 | -7.43 |
| 合晶 | 6182 | 33.68 | 1.34 | 0.39 | +0.67 | -8.54 | -8.26 | +4.90 | -8.26 |
| 中環 | 2323 | 271.29 | 0.67 | 0.11 | +1.14 | -6.90 | -8.62 | -4.30 | -19.82 |
| 萬洲 | 1715 | 40.47 | 1.47 | 0.75 | -3.06 | -8.65 | -8.85 | +25.61 | +38.61 |
| 英業達 | 2356 | 358.75 | 1.81 | 0.17 | +0.36 | -3.16 | -10.11 | +28.74 | +115.08 |
| 台玻 | 1802 | 237.81 | 0.94 | 0.02 | -1.30 | -7.02 | -10.17 | -10.47 | -8.74 |
| 綠能 | 3519 | 37.96 | 1.98 | 0.57 | +3.09 | -7.05 | -10.22 | +6.14 | +0.20 |
| 錸德 | 2349 | 261.54 | 1.35 | 0.18 | +1.58 | -8.35 | -12.62 | -5.66 | -15.73 |
| 安可 | 3615 | 7.06 | 0.99 | 0.25 | +3.28 | -16.11 | -13.19 | -8.69 | -56.49 |
| 九豪 | 6127 | 8.50 | 1.54 | 0.26 | -0.77 | -9.79 | -15.69 | +24.04 | +26.47 |
| 尚志 | 3579 | 11.56 | 0.82 | 0.18 | +2.29 | -7.53 | -15.92 | +15.26 | -2.96 |
| 太陽光 | 3566 | 15.68 | 4.34 | 0.01 | -0.88 | -10.76 | -19.28 | -18.69 | -7.82 |
| 正峰新 | 1538 | 16.39 | 1.01 | 0.27 | -1.50 | -1.99 | -23.35 | -3.90 | -32.53 |
| 榮化 | 1704 | 85.32 | 1.8 | 0.24 | +2.95 | -17.06 | -24.87 | -18.51 | -22.57 |
| 旭晶 | 3647 | 28.02 | 3.81 | 0.03 | -6.29 | -17.38 | -24.94 | -27.11 | -48.35 |
| 桑緹亞 | 4922 | 23.60 | 2.9 | 0.33 | +1.27 | -19.69 | -26.96 | +63.11 | +71.43 |
| 陽程 | 3498 | 7.76 | 8.12 | 6.69 | +15.38 | -7.79 | -29.24 | +51.06 | +39.58 |
| 李洲 | 3066 | 15.10 | 6.14 | 0.02 | +3.66 | +11.21 | -34.40 | -9.85 | -10.79 |
| 福大 | 4402 | 9.15 | 13.81 | 1.92 | -20.42 | -37.75 | -40.11 | -46.32 | -26.10 |
| 華上 | 6289 | 26.93 | 2.87 | 0.13 | -2.50 | -14.69 | -46.68 | -15.22 | -39.74 |

　　若投資人常常做類股的股價表現評比，便可以看出來。在做這種類股評比的時候，需要考慮的因素如下：

**（一）、這一類股目前的技術位置如何？**

　　類股也可以把它當個股看待的。它也可以有技術分析。它是處於漲勢初期呢？還是已經漲了一波？它是處於跌勢初期呢？還是已經跌過一段了？漲多了，總是會回檔的。再有什麼超強的利多，也該有個時限。我們總可以等到類股褪色成「非主

流」股。

### （二）、類股中是否不斷有個股漲停板？

主流股最主要的特徵，就是這一類股的個股，不斷有漲停板出現，甚至產生「輪流漲停板」的味道。如果沒有，那就是已經褪色了。例如前一陣子的某一類股，就有這種大多頭氣氛。許多股票輪流漲停板。即使沒有常常漲停板，但在類股的股價表現排行榜中，如果總是列於前三名，那就是當時的主流股。

### （三）、同一類股的量是否都縮下來了？

一個類股的未來命運，決定因素很多，但在筆者看來，真正透露出玄機的是它的價量關係。在一個類股族群啟動的時候，都會放量出來。但是，如果是一日行情的話，它群體的量都會慢慢縮下去。我們最需要注意的是它們的量有沒有再度放大，如果沒有，就不會是主流。

### （四）、非主流類股會永遠是弱勢族群嗎？

所謂「強者恆強、弱者恆弱」，通常是指一段時間內的表現。好日子不會永遠繞著不走，悲慘的歲月也不會永遠存在。物極必反。也許2011年的太陽能概念股」弱勢股，也可能會成為主流類股。不久前，半導體類股不是翻身了一大段嗎？所以，不要有成見。

# 放空必做的大功課：
## 放空集團股中的弱者

在類股之外，「集團股」也是我們放空時必須了解的資訊。如果不懂的話，也無法「聲東擊西」賺到放空的財。

所謂「聲東擊西」其實也是放空的高級密技，方法就是當同一類股有重大利空時，你不必去放空最熱門的股票，而可以去找同類股的其他股票。

因為「放空」和「作多」並不一樣。

作多時，買要買龍頭股，或領頭羊，千萬別買第二名的股票。很多資深股友應該都有這樣的經驗，如果買了第二、第三名的股票有時並未能與領頭羊同樣漲停板。不漲停還好，萬一領頭羊沒力氣了、跌下來，第二、第三名的股票常常跌得更重！最糟糕的是，第二天，領頭羊可能繼續漲停板，可是跟屁蟲就沒轍了！

可是，作空呢？

放空比較不熱門的股票，一樣喝湯吃排骨。未必一定要選最熱門的。因為第一名暴跌的股票，背後常常有法人包養。什麼時候法人賣夠了反手作多，也很難講。

可是一旦暴跌的股票反彈，都很快速上漲；而那些不熱門股票的反應，就不會那麼熱烈了，所以你大可不必擔心被軋空。

台股有哪些集團存在？它們包含了哪些個股？每一檔個股的股價表現如何？它們分別的股性如何？下面是一份非常珍貴的資料，對於股市新手來說，由於內容完整翔實，極具參考價值；對於事實上也只知道一個大概的資深股市老手來說，則可以透過這份資料重新溫習一遍。

有了這份資料，你可以繼續去追蹤：

一、集團股中分別有哪些個股？最近的股價大約是什麼價位？

二、集團股中有哪些個股是小型股？哪些個股是中型股？哪些個股是大型股？三者之間何者比較容易發飆？

三、集團股中法人最重視哪一檔股票，大約有多少的買超量？

四、集團股中有哪些個股在短期內的股價表現較好？哪些個股在長期上的股價表現較佳？

基本上，在大多頭的時候，股價會是一個集團的共同表現，也就是說，某集團發威時，它的相關成員都會互相拉抬，像拔河一般氣勢很盛。

但是，在空頭的時候，由於資金有限、擔心被大盤拖累的情況下，集團內個股的攻勢便分出軒輊了，並非齊漲齊跌。有時它會連續專攻集團內的某一個股，在幾日過後，股價已高，才換另外一檔個股攻堅。

一般來說，股價變動有如翹翹板一樣，有著一定的「連動關係」。如果你並不十分了解集團股的運作，如何在操盤時得心應手呢？但是，只要你有了這份資料，立刻可以查對資料，及時選擇相關的個股融資買進或融券放空，不是增加了不少操盤時的靈感嗎？

現，請看筆者花了很多時間整理出來的內容(見表4-6)。尤其它們分別屬於什麼類股，我也都一個個查出來了：

表4-6　台股的集團股　　　　　　　　　　　　　　　　　　　　　　方天龍製表

| | 集團名稱 | 類股 | 集團內的上市、上櫃個股、興櫃股票 |
|---|---|---|---|
| 1 | 鴻海集團 | 電子股 | 2317鴻海、2328廣宇、2354鴻準、2392正崴、2465麗臺、3062建漢、3481奇美電、3501維熹、3508位速、6121新普、6150撼訊、6287元隆、6298崴強。 |
| | | 興櫃股票 | 3149正達、3413沛鑫、4969兆晶、5231鑫晶鑽。 |
| | | 香港上市 | 2038富士康國際。 |
| 2 | 聯電集團 | 電子股 | 2303聯電、2363矽統、2473思源、3014聯陽、3034聯詠、3035智原、3037欣興、3094聯傑、3227原相、4944兆遠、5467聯福生、6147頎邦、6168宏齊、6202盛群。 |
| | | 興櫃股票 | 3585聯致、4925智微、8179旭德。 |
| 3 | 聯華神通集團 | 食品股 | 1229聯華。 |
| | | 塑膠股 | 1313聯成。 |
| | | 電子股 | 2315神達、2347聯強、2471資通、3005神基、4906正文。 |
| 4 | 聯發科集團 | 電子股 | 2454聯發科、3041揚智。 |
| | | 興櫃股票 | 3538曜鵬。 |
| 5 | 錸德集團 | 電子股 | 2349錸德、2406國碩、3050鈺德、3615安可。 |
| 6 | 龍邦集團 | 營建股 | 2514龍邦。 |
| | | 金融股 | 2833台壽保。 |
| 7 | 霖園集團 | 營建股 | 2501國建。 |
| | | 金融股 | 2882國泰金。 |
| 8 | 震旦集團 | 電子股 | 2373震旦行、2433互盛電。 |
| 9 | 潤泰集團 | 營建股 | 2597潤弘。 |
| | | 百貨貿易 | 2915潤泰全。 |
| | | 其他 | 9945潤泰新。 |
| 10 | 廣達集團 | 電子股 | 2382廣達、3306鼎天、6188廣明。 |
| 11 | 遠雄集團 | 營建股 | 5522遠雄建、5607遠雄港。 |
| 12 | 遠東集團 | 水泥股 | 1102亞泥。 |
| | | 紡織股 | 1402遠東新、1460宏遠、1710東聯。 |
| | | 運輸股 | 2606裕民。 |
| | | 金融股 | 2845遠東銀。 |
| | | 百貨貿易 | 2903遠百。 |
| | | 電子股 | 4904遠傳。 |

| | 集團名稱 | 類股 | 集團內的上市、上櫃個股、興櫃股票 |
|---|---|---|---|
| 13 | 裕隆集團 | 紡織股 | 1417嘉裕。 |
| | | 電子股 | 3016嘉晶、3059華晶科、2338光罩。 |
| | | 汽車股 | 2204中華、2201裕隆、2227裕日車。 |
| | | 電機機械 | 1525江申。 |
| | | 其他 | 9941裕融。 |
| 14 | 義聯集團 | 鋼鐵股 | 2007燁興、2023燁輝。 |
| | | 興櫃股票 | 9957燁聯。 |
| 15 | 萬華集團 | 觀光股 | 2701萬企、2706第一店。 |
| 16 | 新寶集團 | 電器電纜 | 1604聲寶。 |
| | | 電機機械 | 4532瑞智。 |
| 17 | 新光集團 | 紡織股 | 9926新海、1419新紡、1409新纖。 |
| | | 油電燃氣 | 2850新產、9908大台北。 |
| | | 其他 | 9925新保 |
| | | 金融股 | 2888新光金。 |
| 18 | 華碩集團 | 電子股 | 4938和碩、2374佳能、2395研華、3694海華、3515華擎、2357華碩、3189景碩。 |
| 19 | 華榮集團 | 電器電纜 | 1608華榮。 |
| | | 鋼鐵股 | 2009第一銅。 |
| 20 | 華新麗華集團 | 電器電纜 | 1605華新。 |
| | | 電子股 | 2344華邦電、2425承啟、2492華新科、3049和鑫、3582凌耀、3686達能、5469瀚宇博、6116彩晶、6173信昌電、6191精成科、8110華東、8183精星。 |
| 21 | 富邦集團 | 金融股 | 2881富邦金。 |
| | | 電子股 | 3045台灣大。 |
| | | 其他 | 9943好樂迪。 |
| 22 | 統一集團 | 食品股 | 1216統一、1232大統益。 |
| | | 電子股 | 2434統懋、4946辣椒、6240松崗。 |
| | | 營建股 | 2511太子。 |
| | | 金融股 | 2855統一證。 |
| | | 百貨貿易 | 2912統一超、5902德記。 |
| | | 其他 | 8905裕國、9907統一實、9919康那香。 |
| 23 | 國豐集團 | 橡膠股 | 2101南港。 |
| 24 | 國碩集團 | 電子股 | 2406國碩、3691碩禾。 |
| | | 興櫃股票 | 3645達邁。 |

| | 集團名稱 | 類股 | 集團內的上市、上櫃個股、興櫃股票 |
|---|---|---|---|
| 25 | 國產集團 | 營建股 | 2504國產。 |
| | | 其他 | 9917中保。 |
| 26 | 國巨集團 | 電子股 | 2327國巨、2375智寶、2437旺詮、2456奇力新。 |
| 27 | 能率集團 | 電子股 | 5392應華、6123上奇、8071豐聲、2788精熙國際。 |
| 28 | 神達集團 | 食品股 | 1229聯華。 |
| | | 塑膠股 | 1313聯成。 |
| | | 電子股 | 2315神達、2347聯強、3005神基。 |
| 29 | 茂迪集團 | 電子股 | 6227茂綸、6244茂迪。 |
| 30 | 茂矽集團 | 電子股 | 2342茂矽、5387茂德。 |
| 31 | 耐斯集團 | 食品股 | 1217愛之味。 |
| | | 觀光股 | 5701劍湖山。 |
| 32 | 威盛集團 | 電子股 | 2388威盛、2498宏達電、5344立衛、6118建達、8068全達。 |
| 33 | 威京集團 | 塑膠股 | 1314中石化。 |
| | | 營建股 | 2515中工。 |
| 34 | 南紡集團 | 水泥股 | 1104環泥。 |
| | | 紡織股 | 1440南紡。 |
| | | 橡膠股 | 2108南帝。 |
| 35 | 長榮集團 | 運輸股 | 2603長榮、2607榮運、2618長榮航。 |
| | | 金融股 | 2851中再保。 |
| 36 | 金鼎集團 | 電子股 | 1815富喬、2367燿華。 |
| | | 其他 | 8933愛地雅。 |
| 37 | 金仁寶集團 | 電子股 | 2312金寶、2324仁寶、3038全台、3596智易、5340建榮、6282康舒、8078華寶。 |
| | | 存託憑證 | 9105泰金寶。 |
| | | 興櫃股票 | 8155博智。 |
| 38 | 矽格集團 | 電子股 | 2325矽品、2449京元電、6257矽格。 |
| 39 | 東陽集團 | 塑膠股 | 1319東陽。 |
| 40 | 東元電機集團 | 電機機械 | 1504東元。 |
| | | 電子股 | 2321東訊、2431聯昌、5438東友。 |
| 41 | 奇美集團 | 電子股 | 3481奇美電、8064東捷。 |
| | | 興櫃股票 | 3610啟耀、4960奇美材、4969兆晶。 |
| 42 | 和桐集團 | 化學生技 | 1714和桐。 |

| | 集團名稱 | 類股 | 集團內的上市、上櫃個股、興櫃股票 |
|---|---|---|---|
| 43 | 和信集團 | 水泥股 | 1101台泥。 |
| | | 塑膠股 | 1312國喬。 |
| | | 橡膠股 | 2104中橡。 |
| | | 金融股 | 2823中壽、2891中信金、6008凱基證。 |
| | | 化學生技 | 4725信昌化。 |
| | | 電子股 | 6173信昌電。 |
| 44 | 佳和集團 | 紡織股 | 1449佳和、1456怡華。 |
| 45 | 宏碁集團 | 電子股 | 2352佳世達、2353宏碁、2409友達、3046建碁、3231緯創、6281全國電、6285啟碁。 |
| 46 | 光寶集團 | 電子股 | 2301光寶科、3311閎暉、3593力銘、5305敦南、8008建興、8358金居。 |
| | | 電機機械 | 8255朋程。 |
| 47 | 仰德集團 | 電機機械 | 1503士電。 |
| | | 觀光股 | 2704國賓。 |
| | | 油電燃氣 | 9937全國。 |
| 78 | 永豐餘集團 | 造紙 | 1905華紙、1907永豐餘。 |
| | | 金融股 | 2890永豐金。 |
| | | 電子股 | 5349先豐、8069元太。 |
| | | 其他 | 8921沈氏。 |
| 49 | 永大機電集團 | 電機機械 | 1507永大、4523永彰。 |
| 50 | 正隆集團 | 造紙 | 1904正隆。 |
| | | 油電燃氣 | 2616山隆、8931大汽電。 |
| 51 | 台積電集團 | 電子股 | 2330台積電、3443創意、5347世界、6244茂迪。 |
| | | 興櫃股票 | 3374精材。 |
| 52 | 台聚集團 | 塑膠股 | 1304臺聚、1305華夏、1308亞聚、1309臺達化。 |
| | | 電子股 | 8121越峰。 |
| 53 | 台達電集團 | 電子股 | 2308台達電、2332友訊、6138茂達。 |
| | | 興櫃股票 | 3599旺能。 |
| 54 | 台塑集團 | 塑膠股 | 1301臺塑、1303南亞、1326臺化。 |
| | | 紡織股 | 1434福懋。 |
| | | 油電燃氣 | 6505台塑化。 |
| | | 電子股 | 2408南科、3474華亞科、3532台勝科、8046南電、8131福懋科。 |

| | 集團名稱 | 類股 | 集團內的上市、上櫃個股、興櫃股票 |
|---|---|---|---|
| 55 | 日月光集團 | 電子股 | 2311日月光。 |
| | | 營建股 | 2527宏璟。 |
| | | 興櫃股票 | 3620日月鴻。 |
| 56 | 友達集團 | 電子股 | 2352佳世達、2353宏碁、2409友達、3046建碁、3231緯創、6281全國電、6285啟碁。 |
| 57 | 中纖集團 | 化學生技 | 1718中纖。 |
| | | 金融股 | 2812台中銀。 |
| | | 化工股 | 4707磐亞。 |
| 58 | 中環集團 | 紡織股 | 1475本盟。 |
| | | 電子股 | 2323中環、3623富晶通、6144得利影。 |
| 59 | 中鋼集團 | 電機機械 | 1535中宇。 |
| | | 化學生技 | 1723中碳。 |
| | | 鋼鐵 | 2002中鋼、2013中鋼構、2014中鴻 |
| | | 其他 | 9930中聯資。 |
| 60 | 中航偉聯集團 | 運輸股 | 2612中航。 |
| | | 電子股 | 9912偉聯科。 |
| 61 | 大億交通集團 | 電機機械 | 1521大億、1522堤維西。 |
| | | 電子股 | 8107大億科。 |
| 62 | 大眾集團 | 電子股 | 3701大眾控、5410國眾、6233旺玖。 |
| 63 | 大同集團 | 電子股 | 2331精英、2371大同、2442新美齊、2475華映、3519綠能、3536誠創、3579尚志、8085福華、8099大世科、600870ST廈華、000536華映科技。 |
| | | 興櫃股票 | 4738尚化。 |
| 64 | 士林紙業 | 造紙 | 1903士紙。 |
| | | 運輸股 | 2615萬海。 |
| 65 | 三商行集團 | 電子股 | 2427三商電。 |
| | | 百貨貿易 | 2905三商行。 |
| | | 化學生技 | 4119旭富。 |
| | | 金融股 | 6015宏遠證。 |
| 66 | 力麗集團 | 紡織股 | 1444力麗、1447力鵬。 |
| | | 電子股 | 1471首利。 |
| | | 營建股 | 5512力麒 |
| 67 | 力晶集團 | 電子股 | 2348力廣、3051力特、3529力旺、3553力積、3576新日光、5202力新、5346力晶。 |
| | | 興櫃股票 | 3530晶相光。 |

# 放空攻略 4 》
# 價格／趨勢弱者

放空，就是尋找弱者下手…？

實務操作上當然沒有這麼簡單！

有些股票，可長空；

有些股票，只能短空；

還要配合技術指標的靈活運用，

才能賺到順勢財。

# 長空標的──
## 頻創新低的個股

年輕時參加過動物園義工隊，培訓過程中我特別記得一個故事：

馴鹿和狼之間存在著一種非常獨特的關係，牠們在同一個地方出生，又一同奔跑在自然環境極為惡劣的曠野上。大多數時候，牠們相安無事地在同一個地方活動，狼不騷擾鹿群，馴鹿也不害怕狼。

但是，在這看似和平悠閒的時日裡，偶而也會有某一隻狼突然向鹿群發動襲擊。群鹿無還手能力，只會驚愕而迅速地逃竄，同時為了確保安全。牠們多半聚成一群用來壯膽。

其實，狼群早已盯準了目標，在這追和逃的遊戲裏，往往就是會有一隻狼冷不防地從叢林裏竄出，以迅雷不及掩耳之勢抓破一隻馴鹿的腿。

遊戲結束了，沒有一隻馴鹿犧牲，狼也沒有得到一點食物。

然而，第二天，同樣的一幕戲又上演了。叢林裏依然會突然衝出一隻狼，

依然抓傷那隻已經受傷的馴鹿。

奇怪的是，狼群裡似乎並沒有約定卻有默契——每次都是不同的狼從不同的地方竄出來做獵手，攻擊的卻只是同樣那一隻鹿。可憐的馴鹿舊傷還沒好卻又添了新傷，逐漸喪失大量的血和力氣。更嚴重的是，牠逐漸喪失了反抗的意志。當牠越來越虛弱，已不會對狼構成威脅時，狼便群起而攻之，美美地飽餐一頓。

這故事曾激發我慈悲的個性，久久不能自已。不過，我常常把它用來作為激勵人心的故事。意思是，狼原本是無法對馴鹿構成威脅的，因為身材高大的馴鹿可以一蹄把身材矮小的狼踢死或踢傷，可是，為什麼到最後，馴鹿反成了狼的腹中物呢？主要是由於狼比較狠，而且也很有策略，牠們一次次抓傷同一隻馴鹿，讓那隻馴鹿一次次被「失敗」攻擊得毫無信心，到最後就完全崩潰了，已忘了自己其實是個強者，忘了自己還有反抗的能力。所以，當狼群攻擊牠時，牠已沒有勇氣奮力一搏了。結論就是：真正打敗馴鹿的敵人並不是兇殘的狼，而是牠自己脆弱的心靈。

在這裡，我要把它「主客易位」，用來談論股票的操盤原理。那麼，故事中的馴鹿就是弱勢股。操盤者必須像攻勢弱勢股，才會成為贏家。這不但暗合了達爾文「物競天擇」、「適者生存」的原理，也合乎「破窗理論」（見「以股創富」一書）的法則。

狼群早已盯準的目標，是受傷的馴鹿，而操盤的我們如何選擇「放空」的股票呢？用比較專業的角度來說，就是尋找「創五日新低」的股票。尤其是一再創五日新低的股票，就是趨勢向下的股票。找這樣的弱勢股下手，你一定也能像那狼群一樣美美地飽餐一頓。

如何找創新低的股票呢？可在「鉅亨網」（網址是：http://www.cnyes.com/twstock/）查到。該網有針對「創新高」或「創新低」的股票做好整理，而且是免費資源：

先從「鉅亨網」首頁上方的標籤「台股」進入。

圖5-1　鉅亨網首頁有「台股」的標籤。

（圖片來源：鉅亨網）

接著，再從「台股」→「智慧選股」→「股價創新低」：

圖5-2　鉅亨網首頁「台股」的右側，有「智慧選股」一欄。

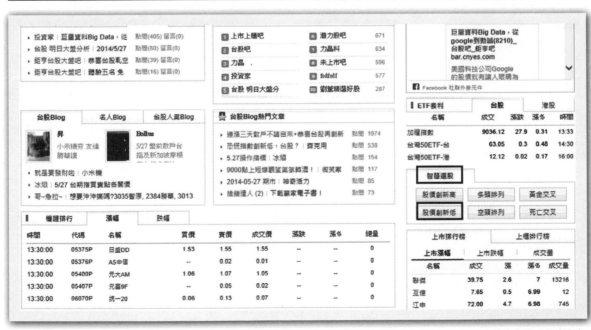

（圖片來源：鉅亨網）

這個網站進行整理的「創新低」的參數，包括創3日、5日、20日、60日、120日、240日新低，以及創2年新低。筆者特別在2014年5月26日這一天的盤後，將創120日新低的個股，一一整理出來，製成提供讀者參考的簡表。因為創120日新低，等於是半年來都乏人照顧了，還創新低，可見是一檔可以放空的股票。當然，是否可行，仍需看看它的籌碼情況而定。有時太可憐的股票就是有想要撿便宜的大戶默默進場吃貨，那放空可就沒有什麼「肉」了。所以，不可一概而論。

表5-1　創120日新高價的股票　（整理日期：2014.05.26.盤後）　　製表／方天龍

| | 代碼 | 名稱 | 收盤價 | 成交量 |
|---|---|---|---|---|
| 1 | 1413 | 宏洲 | 3.94 | 198 |
| 2 | 1447 | 力鵬 | 13.5 | 4006 |
| 3 | 1614 | 三洋電 | 34.05 | 207 |
| 4 | 2108 | 南帝 | 18.3 | 100 |
| 5 | 2504 | 國產 | 10.45 | 3507 |
| 6 | 2618 | 長榮航 | 15.1 | 3277 |
| 7 | 3052 | 夆典 | 17.85 | 1042 |
| 8 | 6139 | 亞翔 | 26.15 | 181 |
| 9 | 6152 | 百一 | 21.35 | 204 |
| 10 | 6289 | 華上 | 2.68 | 340 |
| 11 | 6414 | 樺漢 | 167 | 308 |
| 12 | 8411 | F-福貞 | 68.2 | 170 |
| 13 | 8427 | F-基勝 | 50.4 | 53 |
| 14 | 910948 | 融達 | 1.15 | 332 |
| 15 | 9157 | 陽光能 | 2.43 | 165 |
| 16 | 9906 | 欣巴巴 | 33.3 | 375 |

## 停損是消極的，放空是積極的

作多的時候，關注的是一再創新高股票；作空的時候呢？當然要盯牢一再創新低的目標，就好像那狼盯牢受傷的馴鹿一樣。買進「創新高」的股票，通常問題不大，頂多是「沒有融資」罷了，那就用現股買吧！有時我們發現某一檔股票頻創新低，明顯是趨勢向下的股票，可是，當我們準備「放空」它時，才發現問題來了：有時是由於「沒有融券」無法放空；有時「有融券」可是一整天都在盤下，你想放空也「沒轍」！有時更氣的是，眼看著有十分把握會下跌的股票，在網路下單時

「Key」進「融券賣出」卻「不行」，一問營業員才知融券已經沒有了（被主力拿光了）。所以，整體說來，「放空」所要注意的方方面面，遠比「作多」複雜。

其次，由於放空的「成本」較高（自備款多為股價的九成資金），所以在尋找「創新低」的股票之前，需要先檢視自己的資金夠不夠。所以，手上不能賺錢的股票，最好迅速處理掉，這樣我們才有新的資金做「放空」的動作。我們目前手上已有的、被套牢的股票，都怎麼處理呢？那就是「停損」。停損的方法很多，例如一次全部停損法、一成停損法、部分停損法等等，但是，那都是消極的，利用「放空」的「鎖單」去「停損」，才是比較高明的方法。這才是積極的操盤態度。

做股票虧錢時，股市新手多半捨不得停損，建議一個「兩全其美」妙計，即「放空鎖單」。例如手上持有台積電股票7張，在價值上已經賠錢了，但我們的心理上卻還是不願認賠、停損賣出，這時就可考慮使用「融券放空」的方法來自救。

做法是：準備另一套資金。使用「融券賣出」的方法「放空」台積電股票7張！這樣一來，手上既有「多頭」部位的持股，也有「空頭」部位的持股，股價漲跌就比較方便相互抵消。所以，當你覺得台積電跌得差不多「夠了」、股價有翻身希望的時候，可以補回放空的融券，賺上一筆，如此就可補償持股跌價損失。

如果沒有意外，台積電的股價如你所料、就在這裡止跌回升，你的那些被套牢的股票又開始賺錢了。於是，你就變成了一個「左右開弓」兩頭賺錢的高手了。

當然，如果融券放空後，股價卻又起死回生，那就難辦了嗎？錯了！你可以把那原有的、被套牢的股票（補錢變成現股），用「現券償還」的方式去解決。這就是「放空鎖單」中最高明的方法——不怕被軋空。

這些操作的基本方法，我在近期的讀者回信中，已一再說明。我甚至還告訴那些比較有禮貌的讀者更便捷的方法，就是不必把融資的股票用錢補成現股償還，只需同時多空（一買一賣）操作即可。現在你應該了解前面說的「被套牢七張台積電」為什麼就要「放空七張台積電」？因為同一個數量的好處就是便於資券沖銷。

但是，我做法卻不是這樣的。我會放棄原來那一檔股票，去選擇更適合放空的

股票。即使是買錯、被套牢的股票，也一定認賠賣出，而從其他股票賺回來。因為對一個股市熟手來說，眼前多的是可以賺錢的股票選擇機會，不必戀棧。買錯就買錯吧！不過，我要善意告訴那些初學者最好不要這樣做，因為如果你在選股上還沒有把握的話，別老是認賠換股，恐怕會「兩面挨巴掌」，請仍以保本為重。

## 趨勢向下時，拉上來都是放空的機會

　　2014年台股因外資的積極買進，可以頻頻放空的股票並不多，而外資所以積極作多，是因為台灣年底有選舉，心想應該官方也作多吧！所以就大舉介入台股。因而本書的改版，舉例仍以保留2011年的實例較佳。當股價的趨勢形成之後，再好的公司也多半無法抗拒。以那一年的台積電來說，它雖然是個好公司，可是當年的走勢也比較適合放空。2014年的官方處分的股票，例如2390 云辰 、3060 銘異、3085 久大、3529 力旺、5269 祥碩、6114 翔昇、6236 凌越、911622泰聚亨……等等，多半是飆股。一般四平八穩、波動不大的股票，官方多半不太為難。

　　以三年前來說，台積電從2011年6月7日的高價78.2元之後，股價就頻頻「創新低」（請看圖5-3），我們就可以確認它的股價是一個向下的趨勢。再從圖5-3，我們更可以明白什麼是「創新低」的股票。簡單地說，在K線圖上，它是「左高右低」的圖形；在股價的表現上，它的低點是一再地破底。這意義是什麼？

## 一、股價頻創新低，拉起來都適合放空。

　　2011年6月14日、15日台積電的股價有拉高的喜悅，但立刻又下去了（上來兩天，下去十天）；6月20日、21日有收紅的情況，然而次日起又一再收黑了（上來兩天，下去六天）！這種情況的一再重演，使得6月29日的收紅也不是什麼好事，反而使得6月30日和7月1日成了「逃命線」！不逃的人，就只好把錢白白送給放空的人了！懂不懂放空，幾成了「財富重分配」的條件甄選！

　　我們現在再來看圖5-3的K線走勢，台積電自從在2011年6月7日高點78.2元

的股價反轉而下,歷經30個交易日(實際上不到兩個月)的跌跌不休,來到68.5元。這樣一大波段的跌幅是12.4%,已經是一檔比較有「抗跌性」的股票了,而作多者仍然是賠錢,作空者卻把利潤輕鬆落袋。是不是對作空者比較有利呢?

當台積電的股價頻創新低的時候,我們可以發現幾乎「拉起來都適合放空,而不是作多」。但在筆者寫到這裡時,7月20日台積電出現了一次漲幅4.53%(收71.6元)的長紅,是否又是「逃命線」呢?那可不一定。必須再仔細看看大盤以及各種關於台積電的技術指標才能下斷言。這一次,到底是反彈呢,還是回升?必須記得「窮寇莫追」、「趕狗入窮巷,提防反噬」的道理。股票是賭機率,而不是「猜猜看」式的賭運氣。筆者不擬在此深論台積電的未來,但站在作空者的立場,我要教給讀者的是「作空也要看長做短」。

「看長」,指的是注意整體台股的趨勢是適合作多,還是作空。首先要確立這個前提。如果覺得大盤適合作空的話,佔高權值的台積電當然也要作空——假設它會一直跌下去。這就是「看長」;至於「做短」,就是緊盯著台積電這個標的物,在它差不多止跌的時候(例如來了一個大長紅),就先融券回補,反空為多,順便融資買進;然後在差不多「漲勢停頓」的時候,立刻又繼續融資賣出、同時融券「放空」下去。這也是一種多空雙向操作的策略。這樣的策略看似只賺小錢,卻非常安全,不虞老是把現金泡在股票池裡會碰到崩盤等意外事件!


**二、作多者備感辛苦,作空者極易獲利。**

2014年的台股,從一開紅盤就一直由外資主導,一路向上。這樣的環境並不太適合「放空」。只是有些飆股被交易所一再「注意」,讓作多者常無所適從,當心自己的手腳不夠快,稍有獲利就想要下車;跌下來之後逢低再接,這樣可以降低持股成本。放空者也只有在這時做做短空。也就是說,在飆股漲太多,又被交易所警示時,先把股票「融券賣出」,然後在當天相對低點時再以「融資買進」。就做這樣的當沖,也有點甜頭吃吃。

不過，這種賺取差價的操作方法，比較適合短線高手；上班族或無法看盤者容易在「沖來沖去」的操作過程中受傷，仍以靜待反彈減碼為宜。而放空的人雖然付出的資金較多，但放一個長空下來，利潤也不小。筆者曾聽過一位讀者訴苦，他的某檔股票連續兩個跌停了，怎麼辦？我勸他改用另一個角度操盤——就是放空。可惜他並不接受，理由是因家庭因素花了不少錢，所剩不多，所以不予考慮。

　　我尊重每個人的操盤風格，所以沒再進一步勸導。但是，由於太多人有同樣的情況，筆者願意基於好意，在此進一步解釋。即使你資金再少，也不該是站在難做的那一邊。好吧，假如你只有18萬元，可以用融資買20元的股票（一張8000元左右），你可以買22張，結果你作多，當股價跌到10元，早就賠光了。相反的，如果作空，只能買9張，可是股價跌10元，資金就變成27萬了。不是嗎？

　　你所以不願意作空，可能跟我年輕時的心態一樣，就是心太大！由於習慣融資一次能買22張，就不屑融券只能買9張。對不對？其實，等我在股市的理念成熟了之後，我才悟到：能賺錢的話，只要買一兩張就夠了！

圖5-3　「台積電」日線圖

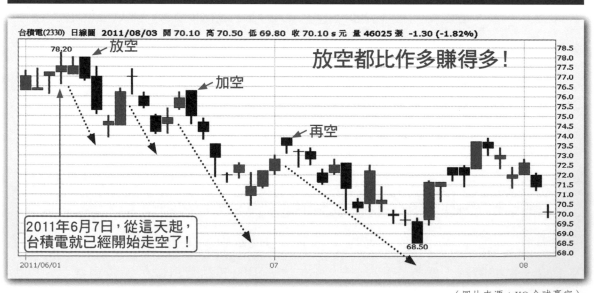

（圖片來源：XQ全球贏家）

表5-2　台積電2011年6月7日～7月19日的股價變化表

| 時間 | 開盤價 | 最高價 | 最低價 | 收盤價 | RSI 6 | RSI 12 | K(9,3) | D(9,3) |
|---|---|---|---|---|---|---|---|---|
| 2011/6/7 | 77.2 | 78.2 | 76.6 | 77.5 | 73.84% | 67.61% | 81.97% | 72.76% |
| 2011/6/8 | 77.1 | 78 | 77.1 | 77.5 | 73.84% | 67.61% | 82.68% | 76.07% |
| 2011/6/9 | 78 | 78 | 76.8 | 76.9 | 59.30% | 61.49% | 78.60% | 76.91% |
| 2011/6/10 | 77 | 77.5 | 75.1 | 75.3 | 36.37% | 48.66% | 62.72% | 72.18% |
| 2011/6/13 | 74.5 | 75 | 73.9 | 74.7 | 30.98% | 44.83% | 48.01% | 64.13% |
| 2011/6/14 | 74.5 | 76.4 | 74.5 | 76.2 | 52.22% | 54.57% | 49.84% | 59.36% |
| 2011/6/15 | 77 | 77.4 | 76.1 | 77 | 60.08% | 58.81% | 57.26% | 58.66% |
| 2011/6/16 | 76 | 76.2 | 75.4 | 75.5 | 43.85% | 49.39% | 50.57% | 55.97% |
| 2011/6/17 | 75 | 75.1 | 74.1 | 74.2 | 34.23% | 42.90% | 36.04% | 49.32% |
| 2011/6/20 | 74.6 | 75.4 | 74.1 | 74.9 | 42.40% | 46.99% | 32.16% | 43.60% |
| 2011/6/21 | 75.4 | 76.2 | 75.3 | 75.9 | 52.50% | 52.32% | 37.70% | 41.63% |
| 2011/6/22 | 76.3 | 76.3 | 74.6 | 75 | 44.14% | 47.62% | 35.32% | 39.53% |
| 2011/6/23 | 74.7 | 74.9 | 73.8 | 74.2 | 37.73% | 43.81% | 27.25% | 35.44% |
| 2011/6/24 | 73.6 | 73.6 | 71.9 | 72.9 | 29.40% | 38.36% | 24.23% | 31.70% |
| 2011/6/27 | 72 | 72.1 | 71.6 | 72 | 24.84% | 35.07% | 18.45% | 27.28% |
| 2011/6/28 | 72.1 | 72.6 | 71.8 | 72.5 | 31.88% | 38.28% | 18.68% | 24.42% |
| 2011/6/29 | 70.9 | 72.1 | 70.4 | 71.4 | 25.56% | 34.22% | 18.10% | 22.31% |
| 2011/6/30 | 71.4 | 72.2 | 71.3 | 72.2 | 36.54% | 39.33% | 22.24% | 22.29% |
| 2011/7/1 | 72.2 | 73 | 72 | 72.8 | 43.97% | 42.95% | 28.39% | 24.32% |
| 2011/7/4 | 73.9 | 73.9 | 73.1 | 73.5 | 51.87% | 46.98% | 36.44% | 28.36% |
| 2011/7/5 | 73.2 | 73.3 | 72.4 | 73.2 | 48.36% | 45.48% | 45.03% | 33.92% |
| 2011/7/6 | 73.2 | 73.4 | 72.5 | 72.8 | 43.65% | 43.46% | 52.88% | 40.24% |
| 2011/7/7 | 72.1 | 72.3 | 71.5 | 71.6 | 32.30% | 37.94% | 46.68% | 42.39% |
| 2011/7/8 | 72.1 | 72.8 | 72 | 72.5 | 45.14% | 43.78% | 51.12% | 45.30% |
| 2011/7/11 | 72.6 | 72.6 | 70.2 | 71.3 | 34.63% | 38.51% | 43.99% | 44.86% |
| 2011/7/12 | 70.6 | 70.8 | 70.1 | 70.3 | 28.09% | 34.71% | 31.08% | 40.27% |
| 2011/7/13 | 70.5 | 72.5 | 70.1 | 72.2 | 49.73% | 45.79% | 39.14% | 39.89% |
| 2011/7/14 | 70.5 | 71.4 | 70.1 | 70.7 | 38.70% | 39.95% | 31.36% | 37.05% |
| 2011/7/15 | 70 | 70.2 | 69.5 | 69.9 | 33.89% | 37.19% | 24.32% | 32.81% |
| 2011/7/18 | 69.7 | 70.2 | 69.4 | 69.7 | 32.67% | 36.50% | 18.72% | 28.11% |
| 2011/7/19 | 69.6 | 69.8 | 68.5 | 68.5 | 25.95% | 32.56% | 12.48% | 22.90% |

# 不易失手的放空標的：
## 頻創新低＋四項技術指標配合

頻創新低的股票，怎麼找呢？

放空它時，還需要什麼指標配合呢？

這已經涉及到股票放空的技巧了。基本上，頻創新低的股票有以下幾個特徵：

## 一、它們的KD值多呈死亡交叉：

從股票技術面的KD值來觀察，當某一檔股票的KD值呈死亡交叉的時候，多半可以輔助說明它適於「放空」。

例如中鴻（2014），在2011年4月底之後，股價頻創新低，它的KD值也往往已經呈現「死亡交叉」的狀態了。一般來說，KD值小於50是空方市場，KD值大於50是多方市場，我們看圖5-4，可以發現中鴻在2011年4月28日的高點過後，KD值就呈現「死亡交叉」的陰影。同時它的KD值多半時間都小於50，正是由空方掌控的市場，也就是說，這是放空的好機會！

圖5-4　「中鴻」日線圖

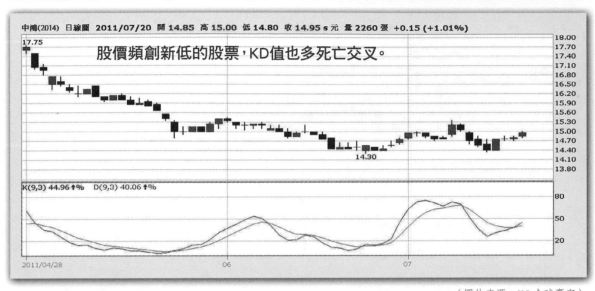

## 二、它們的MACD數值多在0以下：

　　從股票技術面的MACD來觀察，當某一檔股票的DIF、MACD為正值時，是多頭市場；DIF、MACD為負值時，是空頭市場。

　　既然是處於空頭市場的股票，自然是「放空」的好機會。

　　例如華新（1605）（見圖5-5）在2011年4月底到6月初，明顯走空，股價頻頻破底，MACD的數值也多在0以下。

　　從技術指標的意義來看，DIF和MACD發生黃金交叉時是買進股票的時機，發生死亡交叉時則是賣出股票或放空股票的時機。同時，當正BAR的磚牆由長變短是賣出信號，負BAR由長變短是買進信號。

　　不過，放空之後也要注意：當股價不斷走低時，DIF和MACD卻並不配合出現新的低點甚至走高的時候，則稱為「底背離」，是買進信號，也是放空的回補時機。

圖5-5　「華新」日線圖

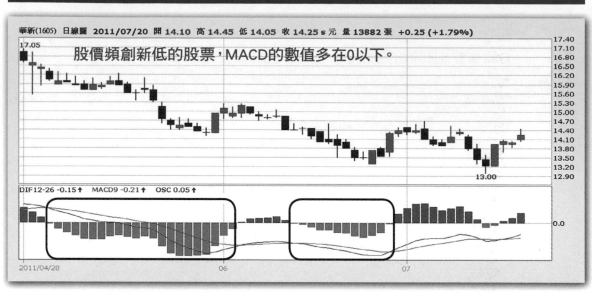

（圖片來源：XQ全球贏家）

### 三、它們的DMI指標+DI數值會向下突破-DI：

從股票技術面的DMI來觀察，當某一檔股票的+DI向下突破-DI時是死亡交叉，是賣出時機；當ADX和-DI一起漲時，則是空頭市場。

DMI指標，又叫做「動向指標」或「趨向指標」，是屬於趨勢判斷的技術性指標，也很好用的。這個指標是威爾德（J. Welles Wilder）大師自認為最得意的創見，它是一種可以讓人直接看出股價變動方向的指標，普遍受到技術分析師的好評與肯定，所以我們應該好好運用才是。

例如冠軍（1806）（見圖5-6）在2011年4月底之後，股價也是不斷創新低，這時適不適合放空，就可以觀察一下它的DMI。

結果我們很容易發現，它的+DI總是向下突破-DI，這就是空頭的特徵。

在這時放空有一定的勝算。

圖5-6 「冠軍」日線圖

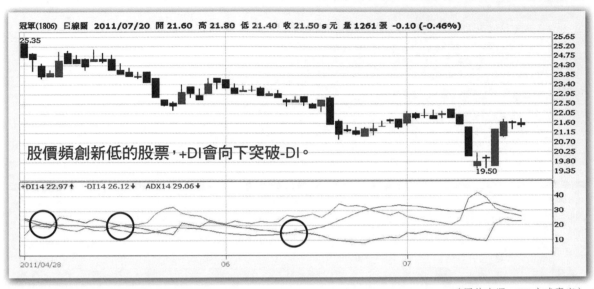

（圖片來源：XQ全球贏家）

## 四、它們的RSI6數值會向下突破RSI12：

RSI指標（相對強弱指標）是一種比較常用的指標，就是在一定時間基期內，評估股市中買方看漲力道佔市場看漲看跌綜合力道的百分比。

這個指標的解讀方法是：

（1）、當短天期RSI線由下方往上突破長天期RSI線，代表買方力道逐漸增強，宜進場買入。

（2）、當短期RSI線由上方往下穿過長天期RSI線，代表買方力道逐漸減少，適合放空。

（3）、當短期RSI線太高的時候，短天期RSI值的反應效果日漸降低，其指標因而鈍化失真，股市呈現超買的情況，易於反轉，投資人應早做打算。

（4）、當短天期RSI線太低的時候，其指標同時存在鈍化失真的現象，這時股市呈現超賣，放空者要小心可能會有反彈，空單宜速回補。

例如「中化」（1701）（見圖5-7）在2011年4月底以後，也是一檔頻頻破底的個股。

我們以6日、12日作為時間基期來加以研判，6日是短天期，12日為長天期，當RSI6數值向下突破RSI12的時候，就是看空。像中化這樣頻頻看空、股價不斷創新低的股票，自然適合放空。

圖5-7　「中化」日線圖

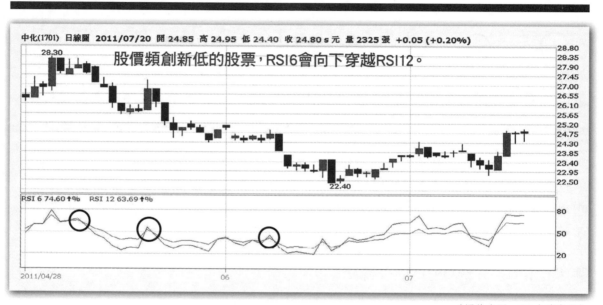

（圖片來源：XQ全球贏家）

## 實例說明：
## 偷襲強勢股，短空穩穩賺

作空宜挑弱勢股下手，這是千古不易的定律，很少人說「強勢股一樣可以空它」，不過，在此，筆者願意把自己經年累月的研究貢獻出來，告訴你如何空「強勢股」。

強勢股也一樣可以空，但是，只宜短空，最好就是當日沖銷。為什麼「強勢股」也可以空它呢？因為有些比較「投機」的股票很容易單日反轉。

單日反轉也可以叫做「當日反轉」。某一些在連續創新高的個股中，原本處於上漲趨勢，然而在持續的創新高之後，由於再往上拉抬的後勁不足，卻以最低價區收盤，這在隔一天的K線中，會留下一點遺憾。尤其有些個股在創下了新高價位，但是卻比前一次的收盤價來得低，因此留下了極長的上影線，這就是單日反轉、適合來個短空的訊號。

一般來說，利用「創五日新低」的股票去融券放空弱勢股，是一種長空（應該說是「波段」，筆者認為一個月就很長了）的做法，其實根據我的研究，強勢股

也是可以融券放空的，尤其是「創五日新高」的強勢股，一旦拉回時，也是可以做「短空」的，而且相當準確！不過，股市新手莫試為要。開一句玩笑說，「叔叔是有練過的哦！」筆者試過幾次，非常滿意。請記住，只能「短空」！因為這種「創新高又拉回的股票」常常在第二天或第三天又會復活的！如養小老虎一樣，小時候也許像山貓一樣看不出來，一長大就不得已了，因為它的本質還是「強勢股」的。

現在就來介紹一檔「創新高又拉回的股票」，看看是為什麼可以放空（先賣後買，做成券資相抵的當沖）。

這檔是「大世科」（8099），屬於「大同集團」電子股，股本只有6.72億。

## 「大世科」各種指標隱藏密碼，放空穩穩賺

現在，來解釋一下創新高的股票，為什麼也可以在它拉回的時候放空。筆者用的例子是在2011年7月18日強勢漲停的股票「大世科」（8099）。

第二天大家看到了都想追漲，為什麼我反而逆向放空呢？這裡面隱藏著指標的密碼，讓我一一揭開這個最高機密喁！

一、2011年7月18日強勢漲停的「大世科」，成交量是3116張，它的前一天的成交量只有977張。五日均量是1916張，十日均量是1757張。可以說是「價量俱揚」的格局。何況又是漲停板、創五日新高（也是創十日新高）的股票，堪稱「強勢股」！它的寶塔線是「續紅」；MACD的「紅磚牆」也變長了；9日K值也交叉9日D值向上，這都是好事。可是，它的威廉指標卻觸頂了，隱伏著危機。不論14天、28天、42天，它的威廉指標都是0％。這就是準備拉回的跡象。當然，威廉指標到了一定的高檔，也和其他指標一樣，都有「鈍化」的現象，當然不可遽下定論，所以次日股價的表現就是關鍵了。投資人是可以「追漲」呢？還是可以「放空」？則完全看次日的臨場表現。但是，一般的人不會有這種心理準備，所以常會在單日反轉時受傷，甚至因未能果斷停損，其結果就是套牢。

二、2011年7月19日，大世科開盤開在漲幅2.72％的33.2元。不算太低，但

也不算太高。照筆者的「追漲」標準，至少應該漲3％以上，才算強勢。好了，開盤以後，它立刻開始攻了！採取的是N字型攻堅法，就是說先小拉一段，再小回一段，接著就大拉了！它企圖攻上漲停板！然而，在當天上午9時11分當它攻上漲停板的下一檔（34.5元）時，突然反手殺下來了！

這就是作手的提示，他並無意上攻，他只是拉高方便出貨。（見圖5-8）

圖5-8　「大世科」分時走勢圖

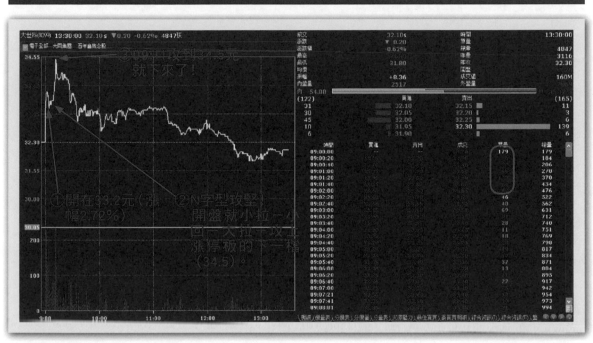

（圖片來源：XQ全球贏家）

三、由於威廉指標在前一天即已告知此股有回檔可能，再加上主力的故意留一檔不拉漲停板，啟發了我的疑竇。我立刻在「買賣明細」裡，計算了一下，主力用了多少籌碼上攻。結果加起來是619張。他用這麼少的外盤成交就能拉到差一檔漲停（34.5元），為什麼不做完美一點呢？足見主力不想讓人誤解他要繼續攻上去。所以，無異於提示他的企圖心是把行情引導向下，而不是向上。

四、我從股票專業軟體去查，結果發現「大世科」攻得這麼猛，竟然沒有出現「價量突然特別突出」或「主力出貨」的名單中，只有在開盤前11分鐘內，連續在「股價創五日新高」的榜上七次（見圖5-9）！其實，這並不珍貴！因為昨天已經是創五日新高，今天往上攻自然每上一階梯，都是創當日新高，也是創五日新高！重要的其他有利多頭的資訊，卻什麼都沒有了。

圖5-9　「大世科」分時走勢圖

（圖片來源：XQ全球贏家）

五、2011年7月19日這一天觀察到這裡，在漲勢停頓時，就該開始放空了。

六、不久，殺盤開始了，印證我的想法——主力要出貨了。第一波連續性殺盤一共是283張。（見圖5-10）

七、第二波殺盤確定了放空時間！融券放空！理由是主力已從33.6元殺到32.85元（總共187張多是內盤成交），跌破了開盤價（33.2元），再猶豫就不是放空高手了！（見圖5-11）

圖5-10 「大世科」分時走勢圖

圖5-11 「大世科」分時走勢圖

八、圖5-12，一波比一波的低點更低（32.85元→32.6元→32.55元→31.8元），確認我們的放空已經成功！此日盤後看當時的放空點，可說非常理想，因為它收盤是32.1元，距離最高的34.5元，已經有6.95%的跌幅(圖5-13)。

圖5-12 「大世科」分時走勢圖

（圖片來源：XQ全球贏家）

圖5-13 「大世科」日線圖

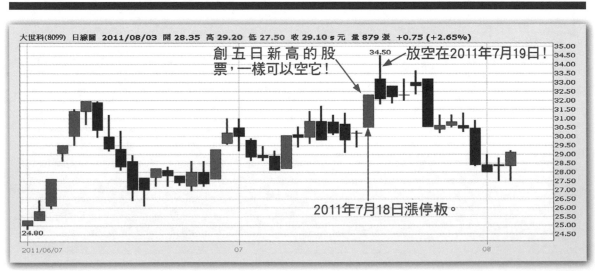

（圖片來源：XQ全球贏家）

# 放空攻略 5 》
# 量能／失控或背離

量與價的關係，
有一定的經驗法則。
運用在放空操作上十分靈驗，
簡單來說，
量能失控或量價背離，
就是放空出手的好時機。

## 作多秘訣／量能飽滿，主力積極
## 作空秘訣／量能已失，主力無意

　　人生做什麼事最難呢？求人最難。一般人不喜歡做的事就是推銷工作，因為不擅長於此道的人總覺得這工作有點類似「求人」。

　　然而，我讀過不少著名企業家的傳記，他們還沒成為偉大人物之前，多半都曾有過親自去推銷產品的經驗。而他們所以異於常人，往往是由於態度非常熱誠，不僅善於鼓舞自己，也擅長用自己的熱情激勵士氣、打動人心，並培養團隊精神。

　　一位國際知名的女企業家就說：「我們在每一次集會中唱歌，就像上教堂唱詩歌一樣。詩歌使人產生特別的感受，令人樂觀、積極。」她認為，在順境要保持熱誠容易，在逆境要保持熱誠就困難了，那時正是考驗一個人是否熱誠的最佳時機。

　　美國壽險推銷大王法蘭克‧貝格(FrankBettger)也是典型的實例。他原來是聖路易職棒球隊的三壘手。不料，在一次比賽中，被球擊傷肩膀，使他被迫放棄職棒生涯，回到家鄉費城，在一家傢俱行擔任分期付款的收款員。度過兩年單調無聊的收款生活，貝格轉到「誠實人壽保險公司」推銷保險。

接下來十個月推銷保險的生涯，是貝格一生當中最暗淡，最沮喪的日子。他四處碰壁，不管他如何努力，業績總是掛零。在徹底自我檢討之後，坦白承認自己並非幹推銷的材料，於是準備改行。

就在此時，他參加了一次演講訓練課程。有一天晚上，貝格上台練習說話，話講到一半時，訓練機構的負責人打斷他的話，並問他：「貝格先生，請問你對自己在台上所說的事情，充滿濃厚的興趣嗎？」

「是的，我當然對自己所說的有興趣啊！」

主辦人說：「既然如此，你為何不說得熱情洋溢呢？你自己感興趣的話，假如你不說得活力而有生機，又怎能吸引聽眾，產生共鳴呢？好吧！你先下來，換我替你來說。」

主辦人上台代替貝格說話。他還是採用貝格原有的談話內容，可是措詞、音調以及動作渾然成一體，熱情洋溢，魅力十足，台下的聽眾如癡如醉。講到最後，連主講人自己都興奮不已，在達到最高潮之時，竟舉起身旁的椅子往牆壁擲去。「嘩啦」一聲，椅子被擲得稀爛。

貝格目睹一切，內心驚訝萬狀，立刻頓悟：「先生說話的內容跟我完全相同，可是效果卻南轅北轍，主要因素就在『熱情洋溢』這四個字。」

頓悟之後，他決心留在保險業，並以「熱情洋溢」做為畢生努力的座右銘。經過一段期間磨練，漸入佳境，最後終成為壽險推銷大王。

的確，在任何事業的成功人物中，都不可少的是熱忱。熱忱，就是熱能、熱量，乃至動量。有動量，才能推動事業登上高峰！

股票，也是一樣。股票的量能、動能，是推動股價的最大力量。有了量能，就像火車有了燃料，股價才會揚眉吐氣；缺乏量能，正如水閘門鬆動了，股價可能一瀉千里！

作多的秘訣，就是要找量能飽滿、主力生機勃勃的股票；作空的秘訣，則要找量能已失、主力意興闌珊的股票。

## 價量關係，有一定的經驗法則

股票的價量關係，是有一定的經驗法則的。

首先，當股市的多空看法不一致的時候，成交量會變大。由於投資人對股價漲跌看法愈不一致時，市場人氣才更旺盛、交易才更活絡，成交量也隨著變大了。這是很簡單的道理，大家都看好，全部的人都想買，這種股票就沒「量」了，叫做「惜售」；大家都看壞，全部的人都想賣，這樣的股票也會沒「量」了，叫做「拋售」。但這都不是好現象，因為不能讓你隨心所欲。

所以，投資股票最好的情況就是，當你買了以後，大部分人想買，小部分想賣，這樣股價就會被拉高了；或者，當主力大戶拉抬的時候，你及早發現並跟進了，而這時大部分的人都還不知道，仍在拚命地賣。這樣也不錯。相反的，當你賣了以後，大部分人才開始設法要賣掉股票，小部分想買，這樣股價就會被拉下了；或者，當主力大戶出貨的時候，你及早發現並跟著賣出了，而這時大部分的人都還不知道，仍在拚命地買。這樣的現象都很好，因為結果都會令你滿意。

尋求股市漲跌的事實真相時，我們可以發現：當一檔股票的股價上漲，而成交量隨著遞增時，股價將會持續上漲；當股價下跌，而成交量隨著遞減時，股價暫時仍將持續下跌。進一步來說，在股價的上升行情中，原本是「價量配合」的，後來股價甚至突破前一波的高點而仍持續上漲，可是，一旦成交量不再繼續像前一波那麼大時，股價可能反轉下跌，或者起碼也會稍作休息。

換句話說，當一檔股票在一定的軌道內行進的時候，股價如果跌破「移動平均線」或「趨勢線」，而又產生了超大的成交量，這是股價下跌的徵兆。歷來的台股的加權指數莫不如此，在下跌行情中，又伴隨著巨量，往往會有幾千點的跌幅。

從個股的角度來看，在上升行情中，起初是「價量配合」、「價量同步」，然後，緩和上升，慢慢起漲，到後來漲勢越來越猛，乃至整個行情噴出，成交量急速擴大，而後股價在高檔盤旋震盪，卻無力再突破，這是漲勢就快要衰竭的徵兆。

但是，有一種情況不要誤認為是「放空」的機會：在下跌行情中，股價從低檔

似乎有反轉回升的意思，可惜往往因力道太微弱又回跌到原來低檔的位置，如果這時成交量少於前次低檔的成交量，反而是表示底部被確認，股價即將上升。這就不適合放空了。

一般來說，當股價經過數個月的下跌行情之後，一直出現跌不下、盤旋震盪的情形，而成交量突然放大時，有兩種可能的情況：如果股價是向上的，那就是上漲的徵兆，可以用融資買進；如果股價是向下的，則是繼續下跌的宣告，這時可以融券放空。

關於這一點，美國投資專家葛蘭碧(granvile Joseph)的理論，也有若干的幫助。他繼移動平均線之外，曾以OBV線（能量潮）的原理來說明「成交量值是股價的先行指標」，不過，根據筆者的「經驗值」，價格的變化常常先於量的移動。因為投資人喜歡追價，同時也常因價跌而失去買賣的興趣（量縮）。如果我們能了解其中的道理，反而比較知道如何操作。

# 作空焦點股：
## 量價背離

　　在知曉量價關係的經驗法則之後，我們還要分清楚什麼是「價量配合」，什麼是「價量背離」，才好決定操盤策略。

　　在所有的技術分析指標中，包括：K線圖形、趨勢線與趨勢軌道、移動平均線、乖離率、RSI以及成交量值，其中以成交量值的變化最具代表性。其他的技術分析都必須與成交量值的變化一併觀察，才能更準確地研判出買點與賣點。

　　我們都知道，股市是由人氣堆積起來，人氣的凝聚與消散，最足以表示股市的榮枯，而成交量值的擴大與萎縮，正代表了人氣的匯聚與消散，因此，成交量值就是股市的溫度計，也是人氣指標。

　　股市裏所稱的價與量，就個股而言，其中「價」指的是股價，而「量」指的是成交的張數；就整個大盤而言，「價」指的是加權股價指數，而「量」指的是成交總值。

　　所謂價量配合，就是價量同步，也就是當股價上升時，成交量值隨著逐漸擴

大；而當股價下跌時，成交量值跟著逐漸萎縮的意思。

如果股價在上升時，成交量值能配合增大，這表示換手積極，往上推升力道充足，後市尚有榮面可期。而股價在下跌時，成交量值能配合縮小，這表示持股者殺低意願不高，只要探底完成，股價就會止跌回升。

所謂「價量背離」，就是價量分歧，與價量配合的情形剛好相反，當股價上升時，成交量值反而逐漸萎縮；而當股價下跌時，成交量值反而逐漸擴大的意思。

如果股價在上升時，成交量值隨著縮小，這表示換手不夠積極，往上推升力道不足。在承接力道有限的情況下，一旦市場風吹草動，漲勢可能隨時中斷，不利後市的發展。而股價在下跌時，成交量跟著逐漸增大，這表示投資人信心不足，看壞後市，於是紛紛殺出手中持股，短期內股價將持續疲軟。

葛蘭碧曾說：「成交量才是股市之元氣，而股價只是成交量的表徵罷了，因此，成交量都走在股價之前。」

也就是說，量是價的先行指標。

在價量配合的情況下，股價可能繼續走堅；在價量背離的情況下，是股價反轉下跌的先兆。

從以上的分析，我們可以知道「價量背離」的條件是「放空」的良機。

例如圖6-1是2011年5月5日到7月26日的台股「加權指數」日線圖。

在這張圖裡，筆者選了四個位置，就可以看出這四天都是「價量背離」的量價關係。這是筆者隨機選擇的，並不意味其他的日子就沒有同樣的問題。

在這四天裡，筆者把它們的數據資料全整理出來了，同時用比較直接的方式點出它們所以「價量背離」的理由：

❶ **2011年5月19日**

最高9026.18點　　　　　收盤 8892.88點　　　　　成交量1148.22億

與前一日（5月18日）成交量882.05億相比，價跌量增，形同價量背離。

影響所及：次日（5月20日）續跌55.85點

❷ **2011年6月10日**

最高9053.39點　　　　　　　收盤 8837.82點　　　　　　　成交量1131.26億

與前一日（6月9日）成交量810.46億相比，價跌量增，形同價量背離。

影響所及：次日（6月11日）續跌124.87點

❸ **2011年6月16日**

最高8739.84點　　　　　　　收盤 8654.43點　　　　　　　成交量1075.67億

與前一日（6月15日）成交量1284.76億相比，價跌量增，形同價量背離。

影響所及：次日（6月17日）續跌18.33點

❹ **2011年7月8日**

最高8839.14點　　　　　　　收盤8749.55點　　　　　　　成交量1331.87億

與前一日（7日）成交量1082.73億相比，向上攻堅時反而量縮形同價量背離。

影響所及：次日（7月11日）續跌83.7點

圖6-1　「加權指數」日線圖

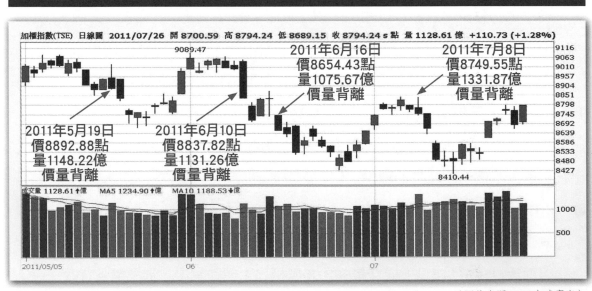

（圖片來源：XQ全球贏家）

現在，我們再來進一步分析一下這四天的狀況。

以2011年5月19日來說，此日的前一天是收紅的，如果不是這一天由高點墜落，行情也不該「軋然而止」。偏偏它還是量大的局面，使得5月18日由反彈變成反轉而下了。

當大盤的成交量很大時，加權指數理當跟著上漲才對，可是它偏偏不漲，甚至還跌，這就是異常了，所以我們把這種「價量（加權指數和成交量）配合不良」的情況，叫做「價量背離」。

由於它的價量背離，在5月19日之後，大盤又跌了好幾天。可見得「「價量背離」對於多頭來說，是行情墜落的罪魁禍首；但對於懂得放空的高手來說，一樣能從中找到賺錢的方法！

以2011年6月10日來說，在9089.47的近期最高點之後，整理了六天，它比前一天（6月9日）放大的量，仍然比不上9089.47高點那天的量，這還沒關係，最糟的是它的價也沒有提升到突破高點的程度，以致五、六天的整理，宣告無效，當天出現了一根大陰線，這使得行情勢必急轉直下了！

這一跌可非同小可，至少十來天才獲得初步的止跌，而且還不是最低點。所以，以後讀者諸君就知道了，像這樣無法突破前波高點，又露出「價跌量增」的敗相，用力「空」下去，準沒錯了！

以2011年6月16日來說，此日的前一天是收紅的，看圖形似乎準備繼續反彈上去，然後卻出現一個「十字」的線型，這是「變盤」的意思。但是「變盤」既可能向上，也可能向下。偏偏6月16日這天大盤不爭氣，開盤氣勢就弱了，因為6月15日收盤是8831.45點，而6月16日開盤卻是8739.84。一開盤就大跌了91.61點。這可是「跳空」向下呀！如果這一天不是量縮價跌，而是從低檔反攻上去，然後量也跟著放大，那整個局面就「價量俱揚」而改變了。可惜不是如此，價既無法上攻，量又不出來。看到這種情況，以後讀者諸君也知道了，像這樣「扶不起的阿斗」的大盤，只有用力「空」下去，準沒錯了！

最後，再以2011年7月8日來說明吧！這一天也是從高處跌下來的局面，當天的高點是8839.14點，收盤卻只剩8749.55點，前後相差了89.59點，也顯示多頭主力「護盤不力」，行情勢必如「樹倒猢猻散」的崩潰！我們再從7月8日回頭看，它在跌的狀態下，卻產生了1331.87億的大量，不僅比前一日（7月7日）成交量1082.73億大，還比前兩星期的一天的量都來得大。所謂「量大不漲，股票要回頭」，正是說明了7月8日之後，至少會有一小段跌幅。果不其然，次日起它就以「重力加速度」的墜落方式，連續急跌到底。從7月8日的高點8839.14點，跌到初步止跌的低點8410.44點，總共跌了428.7點，時間只花了四天，可見放空確實比作多賺得快！（見圖6-2）

圖6-2　「加權指數」日線圖

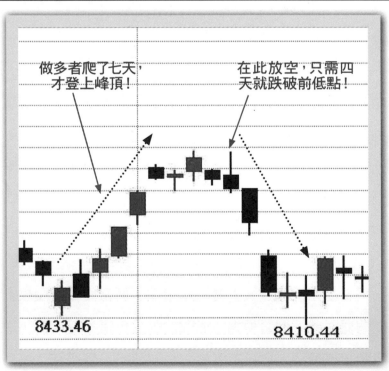

（圖片來源：XQ全球贏家）

# 巨量長黑就空？
## 請先觀察是否跌破支撐

　　2011年6月，筆者推出了新書《融資融券》之後，讀者的信件突然多了起來。很多人在給予不吝的謬賞之餘，也紛紛向我吐露股市的悲情，其實不是只有這幾位讀者肯把股市賠錢的心情吐露，據我所知，在其他行業的上班族朋友早就哀鴻遍野了。有些好朋友礙於面子，只是不願意告訴我而已。

　　在來信中，有幾位讀者分別提到他的某一檔股票連續兩個跌停板了，怎麼辦？我看了他買股票的時點和價位以後，覺得應該是我的新讀者，否則讀過我好幾本書的人，不該犯下如此的錯誤。因此，我除了鼓勵他們多從書中去研究操盤的訣竅之外，多半會問一下他們當初為什麼會買這一檔股票？因為我主張買股票一定要有「強烈的理由」。我故意問讀者買股票的理由，用意就在於提醒他們反省一下。其次，我也很想「校對」一下來信者的「思維」跟我的究竟有何不同？因為我們共同要追求的是「贏家的思維」，那是比較周密而高遠的，如果只想到某一「點」上，而忽略了「面」，很可能會失之偏頗。

我心裡很清楚，這些據說都已有兩、三年投資經驗的朋友大致有這樣的特點：

一、他們都很年輕，少數還是大學生。只有年輕，才有學習精神。年紀大的投資人多半自尊心超強，很少有人願意虛心學習。

二、他們都很有幹勁，少數讀者告訴我，他們是放棄上班，準備做一個放手一搏的專業投資人。

三、他們都是作多者。

這第三點才是最重要的關鍵因素。作多，不是錯誤。但是，2011年……容我大膽地說一句：「2011年是放空年！」（編按：第一版的「放空賺更多」發行於2011年9月，當時方天龍老師即準確預測）下半年執政黨據有所謂「四大利多」幫著選舉抬轎，但會不會像某一年選舉時執政黨祭出的「利多與長紅」廣告看板，結果行情狂瀉，令人失望到極點呢？至少在前七個月裡，作多的人，在操盤上是有如逆水行舟的，備極辛苦。藝高人膽大的高手作多，也要手腳夠快，有賺就溜，否則你會發現「手上的冰淇淋，怎麼融化了？」

圖6-3 「加權指數」日線圖

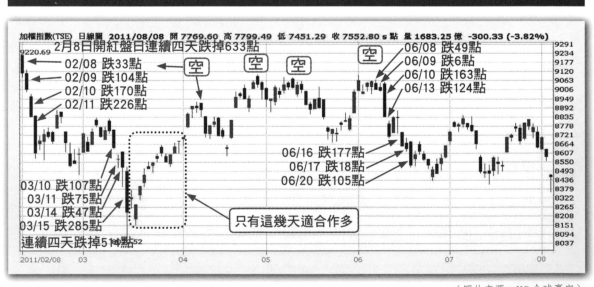

（圖片來源：XQ全球贏家）

圖6-3中,在我標明「只有這幾天適合作多」的地方,旁邊有一條大陰線,是2011年3月15日的K棒,股價一天就跌掉285點。那天的成交量則為1889.59億元。這是一個「巨量長黑」的訊號,為什麼股價不是繼續跌呢?我們先來看看圖6-4,這是一張還有成交量顯示的加權指數日線圖,很明顯地把2011年3月15日的巨量長黑標示出來了。我們看到從這天之後,股市似乎就呈現「雨過天晴」的景象。

　　也許有人也會質疑,2011年2月11日也是巨量長黑(見圖6-3),這一天跌掉了226點,成交量為 1737.6億。為什麼在這天之後,股市卻呈現的是「屋漏偏逢連夜雨」的景象?

　　問得好!原因是什麼?我在圖6-4上面,其實已做了初步的解釋。

　　2011年2月11日的隔兩天,加權指數一度跌破此日的支撐;以後的日子裡也終於守不住它的支撐點,加權指數當然要跌!

　　相對的,2011年3月15日的巨量長黑,是一根帶有長長的下影線的大陰線,表示支撐夠強。


圖6-4　「加權指數」日線圖

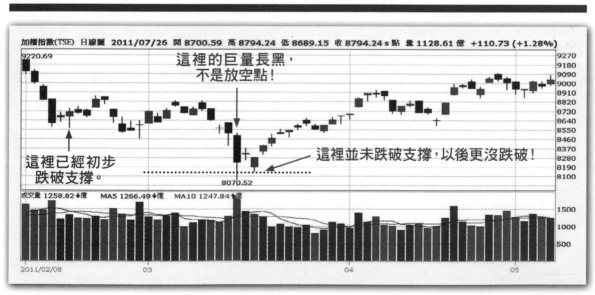

（圖片來源:XQ全球贏家）

它從最低點的8070.52點一直蝦拉到收盤時的8234.78點,足見「作多者」的力道未可限量,這也埋下了多頭反攻的優勢力量!我們從它第二天的表現就看出來了。2011年3月16日它一出手就高,比3月15日的收盤還高。可以看到它的K棒從頭到腳都在3月15日大陰線的實體內。次日,就像大病初癒、身體仍微恙,股價雖跌,但卻並未跌破3月15日的支撐點8070.52點,接下來就往上走。所以根據慣性定律,只要股價繼續向上,8070.52這樣的點就不可能再見到了。

## 放空擇股,要看量是在誰的手上

有一句股市名言:「新手看價、老手看量、高手看籌碼。」簡單來說,高手會先看大盤或特定個股籌碼是在散戶或法人手中,甚至是主力或大股東手中,當籌碼散落到散戶手中,大盤或個股欲漲不易,所以「放空」個股的選擇,不是只有看「量」大不大,而是要看這個「量」裡面的結構:

**一、它的大成交量,是不是包含了很大的當沖量?**

「當沖量」是指有人當天以「融資買進」股票,且當天又把同樣數量的股票用「融券賣出」的方式給軋掉了,那麼這樣的「資券相抵沖銷」在一檔股票的「成交量」解讀中所代表的意義,就是:這筆帳不算數。因為投資人已經把利潤或損失結算掉了。這樣的「當沖量」無法看出這檔股票的結構——也無法窺知持股人的企圖心。所以,基本上,在「量能」的計算方面,如果做得夠精密的話,應該要把「當沖量」從「成交量」中減掉才對。為什麼呢?因為一買、一賣,結果就抵消掉了。如果不把一檔高成交量的「當沖量」扣除,豈不是等於一個人穿著厚棉襖在「量體重」?畢竟一個是買、一個是賣,如果算進去的,無異於把「買賣超」的總和也加進去了?那樣的量,其實是一種虛胖,在做技術分析時,容易形成一個盲點。

**二、可不可以放空,要看能否衝關成功再創新高。**

放空擇股的時候,有一個技巧,就是看它的高點是否超越前波的高度。如果無法超越,我們通常就叫做「衝關過不了」。股價在前兩次衝關失敗後,重整兵馬做

第三次衝關時，通常成交量必須放大至前兩次衝關平均成交量的1.5倍時，才有可能衝關成功。一旦在無法衝關成功的當兒，股價所以會應聲倒下，是因為主力審時度勢，覺得「勢不可違」，也就是「事不可為」，反手作空，把股價殺下來。所以，在盤後的技術分析，固然可以用這樣的方式去做股價的分析，即使在盤中也是這樣，可以看看它「能不能衝關」以作為股價可能會漲還是會跌的依據。

如2011年8月4日，「鳳凰」的開盤價是67元，甫開盤，股價即經過五筆外盤成交的買盤，9時1分40秒拉升到68元。接著就小回，不久，又有大單向上拉，其後總共有連續三次衝關（準備突破68元的高點）都無法跨越，終於導致失望性賣盤的出籠慢慢盤跌而下，最後跌到盤下3.03%處作收。這三次衝關的實際情況是：

第一次衝關：9時6分20秒衝到67.9停住，小回檔。

第二次衝關：9時11分21秒再衝到68停住，小回檔。

第三次衝關：9時15分41秒又衝68停住，失望性大賣單開始。行情反多為空。

如此得到一個啟示：放空要選那些不能衝關成功、無力再創新高的股票！

圖6-5　「鳳凰」分時走勢圖

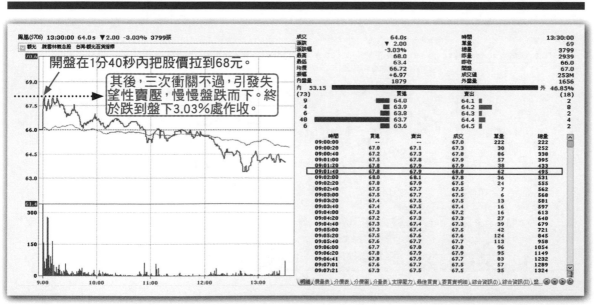

（圖片來源：XQ全球贏家）

# 實例說明：
## 空頭肥咬一口量能失控的「東泥」

實例演練：東泥（1110），理想的放空點：2011年3月30日。（見圖6-6）

圖6-6　「東泥」日線圖

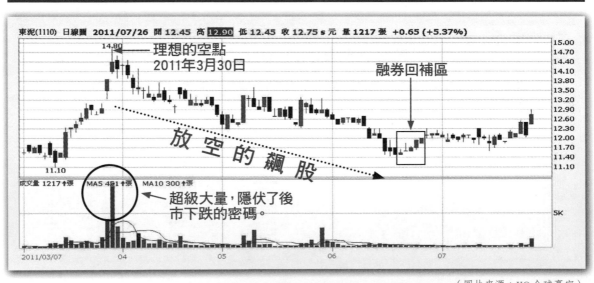

（圖片來源：XQ全球贏家）

## 【解說】

一、2011年3月30日，東泥出現了一個「超級大量」，這是一個極佳的「放空」點。因為回顧它的「來時路」（見表6-1），可以發現，它從3月15日的最低點11.1元起漲，到3月30日的最高點14.8元，已經有33.3％的漲幅了，基本上已不是底部區。

二、當天爆出超級大量9522張，是10日均量的4.57倍，也是5日均量的2.95倍。股價也創了近20日來的新高，原本「量能」啟動是好事，但筆者為什麼認為是理想的放空點呢？

而且為什麼不是在第二天股價下來、成交量都驟退之後，才予以確認呢？

基本上這樣思考是沒錯的，但是由於我們已「預卜」它不可能再有更大量的了，所以敢在這一天「小賭」一下。

三、其實說「小賭」是謙虛了，根據我的「經驗值」，這檔股票在3月30日這一天已經「玩完了」。

因為從「價」就看出來了。

3月29日那天就已經是漲停板了，3月30日又再度漲停。你覺得它還有什麼利多可以支撐第三個漲停板呢？這還不是關鍵所在，重要的是它當天由最高點摔下來，才是使我確認它已經玩完了的真正原因。當天它的最高點是漲停板14.8元，最低點是14.05元，中間差距了5.33％未免跌得太重了，不像是有企圖心要再玩下去的主力，雖然收盤它又拉上14.4元，但「氣數」已盡，也許主力沒賣完的股票，隔天就會出光了。所以我說，2011年3月30日東泥的價量關係，就已足以令所有的股市高手都看出來，這一天尾盤就可以放空了。

四、在2011年3月30日臨收盤前就放空的好處是，可以賣在14.4元以上的價格，同時也避免隔天開在盤下，從此阻斷了你的「放空」之門。當然，將來一定也有反彈的空點，但越早放空，越安全、越有利。例如2011年3月31日最高價是14.6元，距離平盤價14.4元，只有兩毛錢的機會可以放空，你能不能及時掌握呢？很難

說。再看看，2011年3月31日收盤是14.2元，4月1日最高價是14.35元，其間只有一毛半的差距可以放空。可見得一天比一天的機會更難放空了。所以，仍以當天2011年3月30日臨收盤前放空，是最理想的做法。

五、前面說到，放空擇股，必須注意「它的大成交量，是不是包含了很大的當沖量？」經查2011年3月30日東泥的成交量是9522張，當沖量是1899張，實際上它留倉的成交量是9522張-1899張＝7623張。7623張的量大不大？仍然是大的。它是當天的十日均量（2084張）的3.66倍了！

六、筆者所以不寫何時融券回補，是因為下跌的態勢已非常明顯，一定有低點可以見到。放空時點選對了，融券回補只不過是臨門一腳而已。再迷糊的投資人都有辦法能在低檔補回來。

表6-1　放空東泥的前後日期參考數據表

| 時間 | 開盤價 | 最高價 | 最低價 | 收盤價 | 成交量 | MA5 | MA10 | 註解 |
|------|--------|--------|--------|--------|--------|------|------|------|
| 2011/3/15 | 11.6 | 11.65 | 11.1 | 11.25 | 652 | 311 | 264 | |
| 2011/3/16 | 11.4 | 11.55 | 11.4 | 11.55 | 487 | 389 | 283 | |
| 2011/3/17 | 11.4 | 12.35 | 11.35 | 12.2 | 1509 | 673 | 404 | |
| 2011/3/18 | 12.3 | 12.35 | 12.05 | 12.35 | 1032 | 851 | 489 | |
| 2011/3/21 | 12.35 | 12.55 | 12.2 | 12.45 | 405 | 817 | 505 | |
| 2011/3/22 | 12.55 | 12.8 | 12.45 | 12.65 | 701 | 827 | 569 | |
| 2011/3/23 | 12.65 | 13.1 | 12.6 | 12.95 | 934 | 916 | 653 | |
| 2011/3/24 | 13.05 | 13.05 | 12.75 | 12.9 | 739 | 762 | 718 | |
| 2011/3/25 | 12.75 | 12.85 | 12.75 | 12.75 | 342 | 624 | 737 | |
| 2011/3/28 | 12.8 | 13.1 | 12.8 | 12.95 | 1521 | 847 | 832 | |
| 2011/3/29 | 13.5 | 13.85 | 13.25 | 13.85 | 4132 | 1534 | 1180 | |
| 2011/3/30 | 14.1 | 14.8 | 14.05 | 14.4 | 9522 | 3251 | 2084 | 從3月15日的最低點11.1元起漲，到3月30日的最高點14.8元，已經有33.3%的漲幅，基本上已不是底部區。 |
| 2011/3/31 | 14.45 | 14.6 | 13.9 | 14.2 | 3072 | 3718 | 2240 | |
| 2011/4/1 | 14.3 | 14.35 | 14 | 14.3 | 1396 | 3929 | 2276 | |
| 2011/4/6 | 14.3 | 14.45 | 13.9 | 14 | 785 | 3781 | 2314 | |

# CHAPTER 7

# 放空攻略6 》
# 指標／RSI
# KD、MACD

主力股很肥，
作多跟進風險高；
但若換成作空跟出呢？
雖然仍有風險，
但只要技術指標配合得宜，
就能控制風險。

## 操作主力股的夢幻組合：
## 跟出不跟進！

　　股市贏家最重要的是要有「先見之明」。例如主力股，大家都知道要跟進，可是哪一檔是主力股呢？什麼時候跟進而不會被套牢？不見得人人得而知之。但是主力出貨以後，從「哀鴻遍野」的散戶套牢情況就很容易看出來了--

　　一如火災，大家搶著逃命，甚至擠在出口處互相踐踏、悲劇層出不窮。既然如此，何不放空主力股、「跟出不跟進」呢？這使我想起一段歷史故事來：

無鹽氏是漢代著名的大商人，他的出名是因為他經商的眼光精準，能見人之所未見，因而發了大財。

劉邦在打敗項羽之後，立即動手剷除曾經有功於他的異姓王侯，但他死後不久，這些同姓的王侯卻成了中央政權的最大威脅。

漢景帝的時候，劉姓王侯中勢力最大的吳王劉濞，認為推翻中央皇權的時機已經成熟，就發動了「七國之亂」。消息傳到當時的京城長安，朝野震

驚。在和平解決無望的情況下，漢景帝派出了周亞夫去平定叛亂。居住在長安城中的其他王侯，為了表明自己忠於中央政權，也紛紛請求帶領新兵隨軍出征。這些王侯的領地多數都在關東，而長安卻在關中地區，一時缺乏足夠的車馬、武器乃至盔甲等軍用物資，急需有大錢去購買，所以他們只好向長安城中的商人去借貸。

不料，那些放高利貸的商人卻都推說手中沒有現錢。其實他們是怕關東地區一旦失守，這些王侯的領地就會化為烏有。然而，無鹽氏做了認真的「技術分析」之後，卻有不同的看法。他認為，漢政府建立已有五十年的歷史，建國初期雖也發生過異姓王侯的叛亂，但很快就被鎮壓了下去！因此，他要求10倍於本金的利息，才甘冒風險。後來，那些王侯們所以肯借，主要是因為隨軍出征去平息叛亂，是向皇帝表明自己立場和態度的關鍵時刻，一旦戰局有功，就會飛黃騰達，哪在乎10倍於本金的利息？於是，無鹽氏對時局的預測果然高明，「七國之亂」僅用了3個月的時間，就被平定了下來，使無鹽氏一下子變成了關中地區的首富。

這個故事給了我們重大的啟示，就是：參戰者期望未來能從向皇帝邀功而獲得榮華富貴，就如同作多者跟進主力股，希望得到的是十幾個漲停板的股價飆漲機會。可惜人算不如天算。參與戰爭，武功再強的人也很難保不死。戰後倖存，萬一碰到沒良心的君主「鳥盡弓藏」或「杯酒釋兵權」，結局也未可知。

散戶在不明主力動向的當兒，也常「跟進」到高點被套牢。然而，作空者冷靜地觀察主力出貨前夕介入，在技術面的判斷卻比較容易精準。往往在主力開溜之後，可以有非常從容的逢低回補機會。筆者在拙著《主力想的和你不一樣》一書第38頁就提到，「古董張」所炒作的「合機」線型，上升坡陡峭，下降坡陰險盤跌。也就是說，作多者很快就沒戲了，手腳不夠快的人，很容易就斷手斷腳；放空者卻可以慢慢來，輕輕鬆鬆地在低檔回補賺錢。

# 利用RSI指標，
## 提高放空操作準確度

　　鑑別哪些個股是主力股，其實並不難。只要常看報章雜誌、電視股票節目就知道了。很多投顧老師都是拿了主力的錢，幫他喊盤叫進某些股票的，那就是主力股。這一點，真實的主力「古董張」已經給我們見證過了，絕非空穴來風。他是個性非常開放、什麼話都敢講的人，關於這一部分的說詞絕對錯不了。

　　問題是：知道哪些股票是「主力股」以後，如何放空主力股？

　　筆者建議不必看基本面，而要先攤開它的技術面來分析。因為主力股的基本面都很爛的。一來就是因為基本面很爛才需要炒作、才有人跟進，二來是不賺錢公司的大股東也才比較願意配合主力炒作、不致釋放出籌碼。

　　據我所知，很少有主力是被優秀的好公司老闆看得起的。大部分主力想與這些有前景的公司董事長見上一面，都不太可能。只有公司本身出了問題，或財務上非常艱困的老闆，才急需與主力配合，以謀求快速獲利。因此，所有的股票都可一體對待，不必太認真於基本面。只要找出哪些股票是「主力股」，然後觀察它的起落

即可。正是所謂「眼看他樓起了，眼看他樓塌了」，然後在樓塌之前趕快放空，任務就完成了。主力進攻的時候，不必跟，主力出貨前夕伺機而動，隨時相機行事、融券賣出即可。這是筆者自己悟到的，過去從未聽哪一位名師講過這種做法。這是筆者二十多年來長期觀察的結論，我也很擔心這一招廣為人知以後，就不靈了。

因為當主力搞清楚大家都這麼做時，到時說不定他就來個「假裝出貨」再「軋空」！這不是不可能的！兵不厭詐，主力與散戶永遠是實質對立的。

所以說，賺錢永遠是少數人知道的事（八二定律——80％的人是輸家，20％的人是贏家），希望買我書的少數讀者知道就好！

你如果堅持要跟進主力股，我請你先研究一下你是排在主力的外圍第幾圈？內圍的人都會被坑，何況是外圍？我建議 你們都別去「圍」主力了，遠離市場，好好地關起門來自己看各種技術指標，破解主力的價量密碼，才是最可靠的操盤良方！

好了！現在來說，如何從技術指標，來尋找適合放空的個股。

RSI（相對強弱指標）是投資人比較信任的技術分析工具，它不但能用於大盤或個股，而且可依基期的長短當日線、周線或月線來使用。一般股票專業報紙，每天都會算出大盤的RSI（包括五日、十日、二十日、六十日等）與個股的RSI（包括五日與十日），供投資人參考。沒買報紙的人從網路下單的綜合證券商網站的會員區資料中，也可以找到相關的資料。再不然，股市的公家機構也有很多提供了相關的訊息。

根據股價的漲跌所計算出來的RSI技術分析指標，一般的「教科書」都是作如下的解讀：

❶　三日RSI: 10以下超賣，90以上超買。

❷　五日RSI: 15以下超賣，85以上超買。

❸　十日RSI： 20以下超賣，80以上超買。

❹　二十日與三十日RSI：30以下超賣，70以上超買。

依筆者的了解，在高手的認知範圍裡，五日RSI和十日RSI這兩條線使用的人最多。以十日RSI為例，低於20為超賣區，高於80為超買區。不過RSI在進入超賣或超買區之後，效果就差了，因為會產生反應遲鈍的現象。通常叫「鈍化」。

換句話說，股價進入20以下的超賣區仍然大跌，可是RSI反應鈍化；股價進入80以上的超買區依然大漲，可是RSI反應鈍化。也就是說，股價與RSI產生「背離」的現象，往往就是低檔即將反轉上升或高檔即將反轉下跌的徵兆。不過，這樣的判斷，有時並不是不準，而是會有「時間延宕」的情況。

然而，根據筆者的「經驗值」，超買超賣的說法並不一定有用，反而「黃金交叉」與「死亡交叉」較有意義。

一般投資人利用RSI來研判行情，都會觀察單一基期的RSI，例如：五日RSI、十日RSI等等。其實去用長短兩條基期RSI交叉的情況來研判行情，準確性也不小。

在五日RSI和十日RSI這兩條線使用者較多的人來說，買進賣出的原則如下：

❶　當短天期五日RSI線由下方往上突破長天期十日RSI線的時候，表示買方力道逐漸增強，可以進場融資買進。

❷　當短天期五日RSI線由上方往下穿過長天期RSI線，代表買方力道逐漸減少，最好是放空股票。

❸　當短天期五日RSI線高於90％以上，它的反應效果會日漸降低，其指標也因而鈍化失真，股市呈現超買的情況，易於反轉，投資人應及早獲利了結，或趁機放空。

❹　當短天期五日RSI線低於10％以上，它的指標也一樣會有鈍化、失真的現象，這時的個股就呈現超賣的現象，反彈機率大增，投資人應該準備融資買進，或融券回補。

基本上，RSI也是一種落後指標，常常在最高點時，必須隔一兩天才看到短天期的RSI穿越長天期的RSI而下，不過對於波段操作來說，尤其是「放空」來說，是無所謂的。因為趨勢是很難改變的。一旦趨勢向下，就是差一兩天也無妨。

底下這個例子說明，RSI有時也並不落後，甚至還超前呢！圖7-1是2011年8月1日的加權指數日線圖，當天上漲57.2點。

可是，RSI指標卻告訴你要跌了！這不是「未卜先知」嗎？

呵呵^_^ 那是看得懂的人才了解的。看不懂的人一樣完全無效。本書卻直接圈出來告訴你「寶藏在哪裡」。這是解開寶藏房間的鎖鑰：

2011年8月1日當天的6日RSI是50.12％，小於12日RSI的50.82％。也就是短天期的RSI穿越長天期的RSI而下，這是指標告知我們：大盤呈現的是弱勢，要小心下跌。果不其然，2011年8月2日加權指數就跌了116.66點。接下來，2011年8月3日加權指數又跌了127.86點。然後，2011年8月4日加權指數又跌了139.59點。8月5日更慘，暴跌了464.14點！光是這四天就總共跌了848. 25點！比2011年農曆年開紅盤日後的連跌四天更慘重！

RSI是不是很好用呢？

圖7-1 「加權指數」日線圖

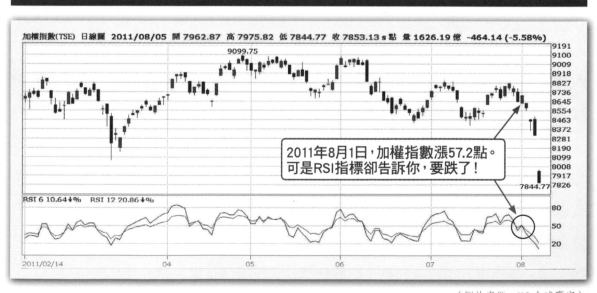

2011年8月1日，加權指數漲57.2點。
可是RSI指標卻告訴你，要跌了！

（圖片來源：XQ全球贏家）

144

## 實例說明》
## 跟出不跟進，我就這樣放空了主力股

　　本文將分析2006年9月18日到2006年11月3日間的「亞銳士」說明「跟出不跟進」、放空主力股。因為主力什麼時候來的，我們不知道，可是他走的時候⋯⋯「凡走過，必留下痕跡！」由圖7-2與表7-1可知，大部分追高的人都被套在14元以上。在10月20日那天，有一個「大換手量」（2251張成交量），套牢的人更多。因為當天的收盤價格是13元，由於主力在此作價，最高來到13.15元，即使在收盤時仍漲幅5.69％。但當它跌下來時，最低跌到10.6元（2006年11月27日），不少一直沒及時賣出的人都被套牢了。筆者怎麼知道這個訊息呢？是因為有太多被套牢的人不甘損失，向「證券基金會投資人保護中心」尋求援助，案情才曝光的。當年被告洪耀林、柳瑞珍與鄒勝、胡依惠等人於2006至2007年間「涉嫌誘使無操縱股價意圖之羅國瑞等人提供證券帳戶及資金」，於三段期間分別操縱亞銳士公司、三顧公司、邁達康公司股票價格，影響前述公司股價，有違反證券交易法情事。」

　　散戶寄望於獲得援助，究竟有沒有用呢？不知道。一般類似的官司，通常要打

好幾年。而依我看，那些毫無關係（並不提供帳戶）的投資人能獲得賠償嗎？我很懷疑。我看頂多把作手繩之於法。而「把作手繩之於法」，是刑事職責，並非善良股友檢舉告發之功。所以，到最後，一般散戶只能嘆「技不如人」，不了了之了。

　　筆者認為因作手炒作而損失，是股市常態，一個願打一個願挨，如何向主力求公道呢？只有把自己磨練的更強、技術、眼光變得更高，才不會受「騙」。試問股市何時沒有主力？有一位資深高手說：「其實每一檔股票都有主力。」說的不錯，如果沒有主力大戶的資金在推波助瀾，那股價如何推動呢？那作多者又如何賺取差價呢？不能說你賺了錢，就不吭聲；賠了錢，就要主力「負起責任來」，是吧？

　　換一種思維，若改做這一檔股票的「放空」，那就又變成贏家了！

　　向任何單位投訴都不見得是最好的決策。最好就是對狡滑的主力「將計就計」──不跟進，卻跟出。這樣就不會成為主力「養、套、殺」的受害對象了。不然，沒有「對價關係」，怎麼知道主力是坑殺了甲，還是坑殺了乙？所以，我認為投訴任何單位，都得不到賠償的。惟有靠自己，利用技術分析的功力，看出股價可能漲跌的端倪，尋求「破解之道」，才是散戶的生存之道，也是「強者」的哲學。

圖7-2　「亞銳士」在2006年9月18日到2006年11月3日之間的日線圖

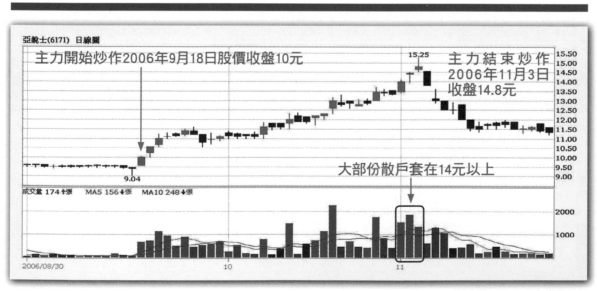

（圖片來源：XQ全球贏家）

表7-1 「亞銳士」價格記錄

| 時間 | 開盤價 | 最高價 | 最低價 | 收盤價 | 成交量 | MA5 | MA10 | |
|---|---|---|---|---|---|---|---|---|
| 2006/9/18 | 9.56 | 10.05 | 9.56 | 10 | 685 | 220 | 151 | |
| 2006/9/19 | 10.25 | 10.55 | 10 | 10.55 | 740 | 355 | 214 | |
| 2006/9/20 | 10.65 | 11.2 | 10.55 | 11 | 1137 | 549 | 317 | |
| 2006/9/21 | 11.1 | 11.3 | 11 | 11.1 | 940 | 716 | 407 | |
| 2006/9/22 | 11.25 | 11.3 | 11.1 | 11.15 | 506 | 802 | 449 | |
| §§ | | | | | | | | |
| 2006/10/14 | 11.8 | 12.3 | 11.5 | 12 | 1466 | 580 | 511 | |
| 2006/10/16 | 12.2 | 12.35 | 11.9 | 11.9 | 148 | 582 | 468 | |
| 2006/10/17 | 12.15 | 12.15 | 11.8 | 11.9 | 584 | 540 | 459 | |
| 2006/10/18 | 12.1 | 12.2 | 11.7 | 12.2 | 727 | 661 | 506 | |
| 2006/10/19 | 12.2 | 12.3 | 12 | 12.3 | 1119 | 809 | 565 | |
| 2006/10/20 | 12.6 | 13.15 | 12.3 | 13 | 2251 | 966 | 773 | 本日漲幅5.69%，是「大換手量」，套牢在13元以上的人極多。 |
| 2006/10/23 | 12.9 | 13.3 | 12.7 | 12.8 | 469 | 1030 | 806 | |
| 2006/10/24 | 13 | 13 | 12.6 | 12.85 | 693 | 1052 | 796 | |
| 2006/10/25 | 12.7 | 13.05 | 12.7 | 12.8 | 469 | 1000 | 831 | |
| 2006/10/26 | 13 | 13.1 | 12.8 | 12.85 | 403 | 857 | 833 | |
| 2006/10/27 | 13 | 13.7 | 13 | 13.45 | 1748 | 756 | 861 | |
| 2006/10/30 | 13.45 | 13.6 | 13.25 | 13.4 | 840 | 831 | 930 | |
| 2006/10/31 | 13.55 | 13.55 | 13.3 | 13.35 | 408 | 774 | 913 | |
| 2006/11/1 | 13.45 | 14.1 | 13.4 | 14 | 1511 | 982 | 991 | 大部分追高的人都被套在14元以上。 |
| 2006/11/2 | 14.4 | 14.5 | 13.95 | 14.45 | 1832 | 1268 | 1062 | 大部分追高的人都被套在14元以上。 |
| 2006/11/3 | 14.65 | 15.25 | 14.5 | 14.8 | 1321 | 1182 | 969 | 大部分追高的人都被套在14元以上。 |

　　當時如何「放空」亞銳士(圖7-3)，利用RSI可以找到三個理想的「放空點」：

　　一、第一個放空點在2006年11月3日，高點在15.25元。利用RSI的指標引導，就可以在高點「放空」下來，到了27日低點10.6元附近，見股票不跌了（RSI會透露出一些止跌訊息，其他技術指標也會輔助判斷），就逢低回補，不就賺錢了嗎？

　　二、第二個放空點是年12月18日，在圖7-3中，筆者在RSI指標中圈起來，請特

別注意，那說明了放空的機會再度來臨。何時補回呢？從各種指標研判並未徹底落底（如果你判斷不出而又擔心被軋的話，可在27日之後的盤整期間先行補回，因為已經有差價了），所以可以暫時不必補回，反而在2007年1月中旬時加碼放空。

三、第三個放空點在2007年1月18日。為什麼選擇這一天放空呢？

因為1月15日已經出現一次14元的高點，而接下來的兩天都沒有這個高價。到了第三天，也就是18日卻一樣拉高到14元的高點就上不去，可見此處有極大的賣壓。同時我們再看看RSI（圖中用筆圈起來的地方）也告訴我們是放空的時候了。

到了3月1日，股價再度來到低點10.4元左右，第二次放空、第三次加碼放空的額子，就得趕快融券回補了，圖7-3「頸線」（虛線）部分，前波的低點在10.6元，破了底，固然可能有更低的股價，不過，由於政府是鼓勵作多而排斥放空的，我們也不知政府會用什麼類似作手強拉股價的同一態度去釋出利多消息，所以建議在此應該儘速「融券回補」。凡事「事不過三」，才能持盈保泰、遇難呈祥。這是筆者放空的明哲保身的哲學。

圖7-3　「亞銳士」日線圖

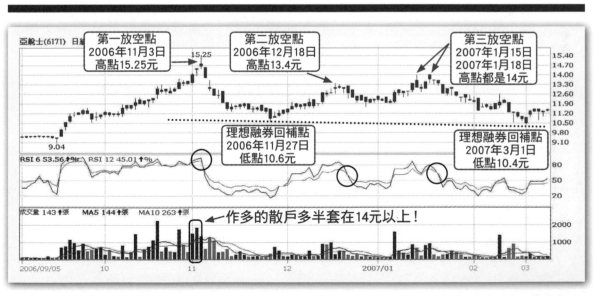

（圖片來源：XQ全球贏家）

# 利用KD值與成交量，
## 找到理想的放空點

有些讀者會說，拿歷史圖表解釋行情是事後「看圖說話」。那你就錯了！試問如果不用「見招拆招」的方式，讀者能學得會操盤的方法嗎？這就好比教跆拳道，如果不先從「打型」開始教，如何學會使用拳腳？

以下將再介紹利用KD值的技術指標放空，也是一個很有效的方法。

範例就以前述的第二個案例來作說明！

三顧（3224）公司在2006至2007年間也有炒作案例。根據我的追蹤研究，炒作期間應該是在2006年10月24日至2006年12月13日。許多人在這段期間買進三顧公司股票，最後不是被套牢就是認賠收場。

在圖7-4中，可以看出主力是從2006年10月24日炒作的，當天收盤價是17.7元。為什麼我要教放空，卻放上這個「作多」的表呢？因為我們要放空，就得先研究這一檔股票是不是「主力股」，惟有主力炒作的股票，放空下來才會大跌，才有

大利潤。知道訣竅了嗎？

　　這其實是整個放空思維中很重要的一部分。知己彼此，才能百戰百勝。不研究主力作多的模式，妄談放空！那是做沒有把握的事。

圖7-4　「三顧」日線圖

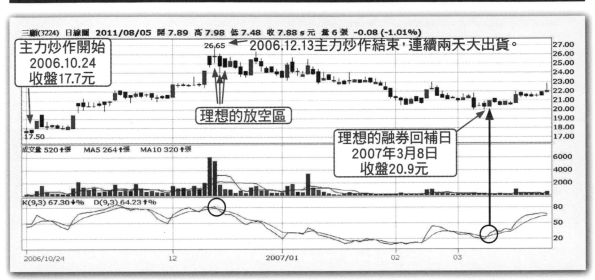

（圖片來源：XQ全球贏家）

　　如何觀察主力的動作呢？請先看表7-2。

　　首先，它的操作模式是拉抬、盤整、盤整……拉抬、盤整、盤整……拉抬、盤整、盤整……到第三次之後，它就準備出貨了。真是「事不過三」啊！2006年12月11日的發動攻擊，其實已經是屬於出逃的行動之一了，不算是攻擊，而是掩護次日起連續兩天的大出貨！

　　再說明白一點，2006年10月26日主力就發動攻擊了，當日股價漲停板收盤18.8元。然後就洗盤、盤整，讓量縮下來。連續整理六天以後，他就在第七天（2006年11月6日）再度發動攻擊，當日股價漲停板收盤19.4元。然後就仿照老手法，繼續洗盤、盤整，讓量縮下來。連續整理八天以後，他就在第九天（2006年11月16日）再度出手，不過，這一天只算小拉一下，漲幅4.55％，收21.85元。

接，他又繼續洗盤，長達十天，到了第十一天（2006年12月1日）發動第三次發動大攻擊，當日股價漲停板，收盤22.75元。然後，整理五天，就準備逃脫了。

現在，關鍵時刻來臨了。2006年12月11日，主力拉漲停，只是為準備出貨的發動攻擊，當日股價漲停板，收盤24.25元。這麼強勢的股票為什麼第二天漲幅只有2.89％，而第三天只有漲幅3.61％呢？沒錯，主力連續兩天在大出貨！

所以，現在筆者講解一下放空的技巧：

一、先觀察這一檔股票是不是主力股，只有主力股才有放空的大利潤。答案已如前述。「三顧」這一檔股票確屬主力股。

二、查查技術指標，它什麼時候出貨。我們看它在2006年12月12日和13日的成交量，前者是6011張，是十日均量（1587張）的3.88倍；後者是5416張，是十日均量（2085張）的2.6倍左右，加上2006年12月12日它的K（9,3）81.03％本來是大於D（9,3）78.01％的，可是第二天2006年12月13日它的K（9,3）82.27％卻突然小於D（9,3）79.43％了！所以既然是死亡交叉，那就在這一天放空唄！

三、由於上述的理由，2006年12月13日當然是最理想的放空日了，但是如果無法及時辨認主力是否出貨，慢個一兩天再放空也不遲。從圖7-4，我們已經可以看出這一筆融券放空是穩操勝券的！

四、融券何時回補，見圖7-4的「KD值」有個圈起來的部分，那就是理想的融券回補日，2007年3月8日，收盤20.9元。從主力出貨，跟著融券放空，以迄融券回補，放空是否很容易賺錢呢？

五、最近有一位讀者寫了很多信給我，頻頻問到我「如何判斷主力是否溜走呢」，我覺得很奇怪，我的書在案例的解說中，不斷都有提到個股的主力如何出逃的解答，怎麼還會有這樣的問題呢？每一種個股的情況都不一樣。如果讀者對我以前的書未能細讀，自然還會有這樣的問題，那麼請把本文仔細看看吧！我已經作了非常詳細的說明了。主力的成本，我們是無法知道的，但是，他溜走時的價格，我們卻能掌握得一清二楚，這就是本書的旨趣，千萬要思索一下才好。

表7-2 　「三顧」股價成交與MA、KD記錄

| 時間 | 開盤價 | 最高價 | 最低價 | 收盤價 | 成交量 | MA5 | MA10 | K(9,3) | D(9,3) | 解說 |
|---|---|---|---|---|---|---|---|---|---|---|
| 2006/10/24 | 17.6 | 18.05 | 17.5 | 17.7 | 220 | 197 | 232 | 50.11% | 43.29% | 主力炒作開始之日 |
| 2006/10/25 | 17.85 | 17.85 | 17.5 | 17.6 | 62 | 161 | 220 | 50.08% | 45.55% | |
| 2006/10/26 | 18.05 | 18.8 | 18.05 | 18.8 | 807 | 269 | 268 | 66.72% | 52.61% | 發動大攻擊，本日股價漲停板收盤 |
| 2006/10/27 | 19.5 | 19.5 | 18.2 | 18.2 | 1580 | 551 | 406 | 61.14% | 55.45% | |
| 2006/10/30 | 18.2 | 18.7 | 17.9 | 18.15 | 545 | 643 | 415 | 56.79% | 55.90% | |
| 2006/10/31 | 18.2 | 18.4 | 18.1 | 18.35 | 241 | 647 | 422 | 55.22% | 55.67% | |
| 2006/11/1 | 18.3 | 18.45 | 18.05 | 18.05 | 255 | 686 | 423 | 47.13% | 52.83% | |
| 2006/11/2 | 18 | 18.3 | 17.9 | 18.05 | 192 | 563 | 416 | 41.74% | 49.13% | |
| 2006/11/3 | 17.9 | 18.3 | 17.9 | 18.15 | 224 | 291 | 421 | 38.66% | 45.64% | |
| 2006/11/6 | 18 | 19.4 | 18 | 19.4 | 1187 | 420 | 531 | 57.44% | 49.57% | 第二次發動大攻擊，本日股價漲停板收盤 |
| 2006/11/7 | 20.75 | 20.75 | 19.7 | 20.5 | 2191 | 810 | 728 | 68.70% | 55.95% | |
| 2006/11/8 | 20.8 | 21.2 | 20 | 20.4 | 1343 | 1027 | 857 | 71.05% | 60.98% | |
| 2006/11/9 | 20.4 | 20.85 | 20.35 | 20.35 | 914 | 1172 | 867 | 72.12% | 64.69% | |
| 2006/11/10 | 20.4 | 20.8 | 20.3 | 20.4 | 1165 | 1360 | 826 | 73.33% | 67.57% | |
| 2006/11/13 | 20.7 | 20.9 | 20.4 | 20.55 | 517 | 1226 | 823 | 75.65% | 70.27% | |
| 2006/11/14 | 20.9 | 20.9 | 19.85 | 20.6 | 682 | 924 | 867 | 77.71% | 72.75% | |
| 2006/11/15 | 20.85 | 21 | 20.5 | 20.9 | 878 | 831 | 929 | 82.11% | 75.87% | |
| 2006/11/16 | 21.1 | 22.1 | 21 | 21.85 | 1803 | 1009 | 1090 | 86.04% | 79.26% | 小拉一下，漲幅4.55% |
| 2006/11/17 | 22.1 | 22.1 | 21.6 | 21.7 | 598 | 896 | 1128 | 85.14% | 81.22% | |
| 2006/11/20 | 22 | 22 | 21.2 | 21.4 | 855 | 963 | 1095 | 79.72% | 80.72% | |
| 2006/11/21 | 21.6 | 21.6 | 20.8 | 21.4 | 727 | 972 | 948 | 76.11% | 79.18% | |
| 2006/11/22 | 21.5 | 21.9 | 21.4 | 21.75 | 1856 | 1168 | 1000 | 78.89% | 79.09% | |
| 2006/11/23 | 21.9 | 21.9 | 21.35 | 21.5 | 1147 | 1037 | 1023 | 77.04% | 78.40% | |
| 2006/11/24 | 21.65 | 21.75 | 21.45 | 21.65 | 574 | 1032 | 964 | 78.02% | 78.28% | |

| 時間 | 開盤價 | 最高價 | 最低價 | 收盤價 | 成交量 | MA5 | MA10 | K(9,3) | D(9,3) | 解說 |
|---|---|---|---|---|---|---|---|---|---|---|
| 2006/11/27 | 21.8 | 21.8 | 21.1 | 21.4 | 690 | 999 | 981 | 70.77% | 75.77% | |
| 2006/11/28 | 21.35 | 21.6 | 20.9 | 21.3 | 495 | 952 | 962 | 60.00% | 70.51% | |
| 2006/11/29 | 21.5 | 21.6 | 21.2 | 21.35 | 438 | 669 | 918 | 54.10% | 65.04% | |
| 2006/11/30 | 21.6 | 21.6 | 21.3 | 21.3 | 387 | 517 | 777 | 49.96% | 60.01% | |
| 2006/12/1 | 21.4 | 22.75 | 21.4 | 22.75 | 1491 | 700 | 866 | 66.64% | 62.22% | 第三次發動大攻擊，本日股價漲停板收盤 |
| 2006/12/4 | 22.65 | 22.9 | 22.5 | 22.65 | 1121 | 786 | 893 | 73.59% | 66.01% | |
| 2006/12/5 | 22.75 | 22.9 | 22.6 | 22.65 | 1235 | 934 | 943 | 78.23% | 70.08% | |
| 2006/12/6 | 22.7 | 22.8 | 22.55 | 22.6 | 736 | 994 | 831 | 80.49% | 73.55% | |
| 2006/12/7 | 22.7 | 23.6 | 22.6 | 22.7 | 1511 | 1219 | 868 | 75.88% | 74.33% | |
| 2006/12/8 | 22.8 | 22.95 | 22.55 | 22.7 | 952 | 1111 | 906 | 72.81% | 73.82% | |
| 2006/12/11 | 22.8 | 24.25 | 22.4 | 24.25 | 1988 | 1284 | 1035 | 81.87% | 76.50% | 準備出貨的發動攻擊，本日股價漲停板收盤 |
| 2006/12/12 | 25.9 | 25.9 | 24.65 | 24.95 | 6011 | 2240 | 1587 | 81.03% | 78.01% | 主力出貨第一天，開盤就是漲停板，收盤卻剩下24.95元，漲幅只有2.89% |
| 2006/12/13 | 25.8 | 26.65 | 25.1 | 25.85 | 5416 | 3176 | 2085 | 82.27% | 79.43% | 主力出貨第二天，最高拉到漲停板，收盤卻剩下25.85元，漲幅3.61% |

# 利用MACD和寶塔線
## 交集的中間區段放空

　　MACD是觀察兩條差離值之間快慢的變化，以研判出一個波段行情。由於其準確性頗高，因此深受中長期投資者所重視。

　　欲看懂MACD，必須先了解DIF。DIF就是差離值，它是快速移動平均值減去慢速移動平均值之後所得的數值，一般以12日移動平均值減去26日移動平均值，來觀察個股的技術指標。在MACD線圖中出現的兩條線，實線乃是移動較快的一日DIF(即DIF)，虛線乃是移動較慢的九日DIF平均值（即MACD）。原則上，當DIF大於MACD時，是買進時機；當DIF小於MACD時，是賣出時機。

　　當DIF在「0」軸之上向上穿越MACD時，表示有一段上程式的波段行情；當DIF在「0」軸之下向下穿越MACD時，表示有一波段的下跌走勢。這是MACD技術分析精華所在，投資人應多加留意。當DIF在「0」軸之下向上穿越MACD時，可能只是反彈而已，並非波段上漲行情。當DIF在「0」軸之上向下穿越MACD時，可能只是回檔而已，並非波段下跌趨勢。

股價在大漲或大跌之後，DIF與MACD會跟股價呈現背離現象，數值明顯縮小。MACD線圖中的柱狀線頭部也會一線比一線低。

至於寶塔線，也是一種技術指標，因為操作方法簡單明瞭，寶塔線翻紅就買進，寶塔線翻黑就賣出，能夠賺到波段的利潤。它的畫法類似K線的畫法，不過寶塔線僅根據開盤價與收盤價的資料畫成的。拿每天的收盤價跟前一天的收盤價相比，若上漲就畫出紅體線，若下跌就畫出黑體線。

把MACD和寶塔線一起併用，然後再參考其他的數值，可以發現準確度也滿高，尤其在股價大漲之後，尋找放空點。

例如「邁達康」（9960）這檔股票，在圖7-5中，有一個圈起起來的部位，那是MACD翻黑之後，不久，寶塔線也跟著翻黑。由於MACD的指標走勢一向超前，而寶塔線又往往落後，彼此的功能效用也不一樣，如能將其交集的部位框起來，再取其中段放空，將會發現那兒往往正是股價的高點！在這個放空區裡尋找適合的位置放空，成功機率是很高的。

圖7-5 「邁達康」日線圖

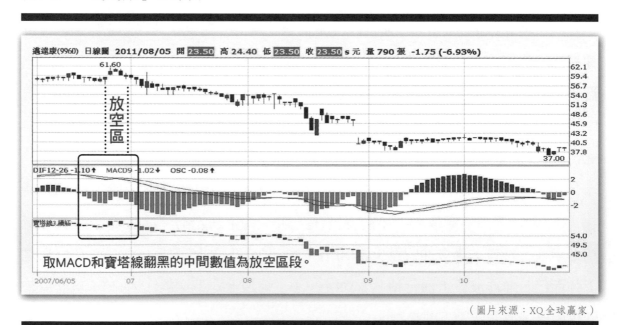

# 放空攻略 7 》
# 型態／頭部型態

熟悉技術分析的人都知道，
K線型態是獲利的絕佳幫手，
而放空的超完美型態是什麼？
本章歸納出五大類，
當行情破頭而下，
就是空頭出手的好時機。

# 高準確作空型態 1 》
## M頭

　　談了那麼多作空的理念和重要性，也引用了不少個股的放空實例。在本篇裡，更要提供讀者現買現賣、即學即用的選股方法，讓你滿載而歸。

　　近期，有少數讀者來信說要「拜我為師」，問我收不收徒弟？其實，我也一直在找尋願意教我而又比我強的老師啊！XQ全球贏家的黃詔鉛經理應該可以為我作證。我曾向他打聽過有哪些老師是業內風評較好，又能真正學到股市操盤秘訣的。事實上，我也確實接觸過一些有真才實學的行業專家，可惜熟悉的都太忙了；不熟的又太商業氣息了，把我當成做生意的對象而已，功力也並不一定比我強；不怕花錢就怕沒收穫，那就浪費時間了。另外也有一些朋友，看起來挺像是成功的股市大戶，可是當我實際請教know-how的時候，總是含含糊糊、不知所云，哪像我在書上一樣，直接把重點圈起來，明明白白地教給讀者。我對讀者的回信，也常一寫就是大半天，真是熱情洋溢、誠意十足。所以，我想來想去，為什麼拜師這麼困難呢？其實，大部分專家學者未必懂得實際的技術，這是真的；而那些業內的行家贏

家，卻不肯洩露天機，這也是真的。終於悟到，他們並不是表達能力比我差、講解總是不清不楚，原來是怕被我學去啊！所以，我決定拜最有效率的老師——驗證！

我每天花十幾個小時自修，不斷用「驗證」來印證我的理論，期使股市的許多數據資料，得到「真相大白」。許多「教科書」上的理論，到底可不可靠呢？「盡信書，不如無書。」我就靠不斷地做各種驗證。所以，我常常自許是一個現役的實戰選手，而不是個退休的教練。因為股市的理論與實務，中間有「代溝」。如果不親自「下海」，怎麼對細節瞭如指掌？又如何能在多變的股市裡保全性命呢？

股市不斷在變化、法人主力也不斷在進步，身為散戶的我們惟有不斷地自我苦修，才會悟出其中的真理。

作空的趨勢型態其實很多，但是，如何辨識？哪一些K線型態或組合比較準確呢？我仍不斷在測試中。本文將提供幾種高準確率的作空模式，以圖文說明。

首先，來看下列三檔股票：宇峻、高林股、尼克森的日線圖（圖8-1、圖8-2、圖8-3）。用虛線框起來的部位，就是第一種高準確率的作空趨勢：M頭。

圖8-1 「宇峻」日線圖

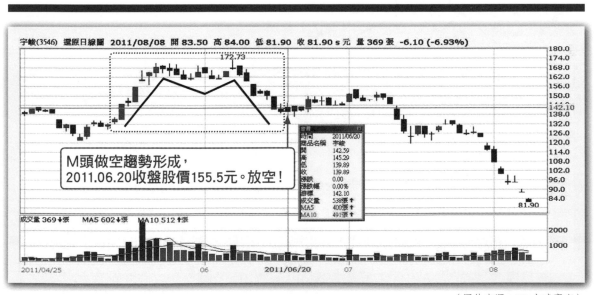

圖8-2 「高林股」日線圖

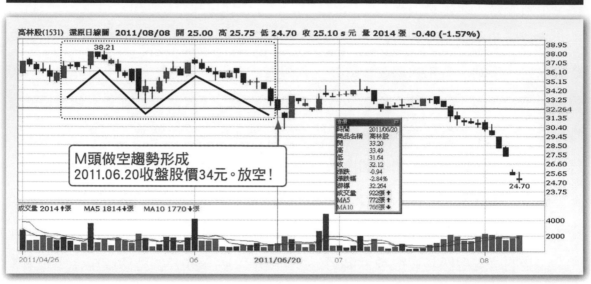

（圖片來源：XQ全球贏家）

圖8-3 「尼克森」日線圖

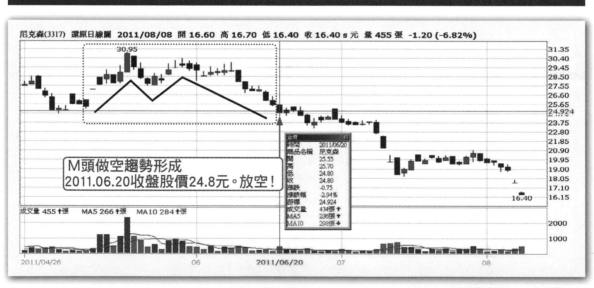

（圖片來源：XQ全球贏家）

　　這三檔股票都可以融資融券（見圖8-4、圖8-5、圖8-6）。首先查七清楚，否則就沒辦法放空。融資方面的成數並不一樣，但融券放空的自備款都得要九成。

圖8-4 「宇峻」警示資訊

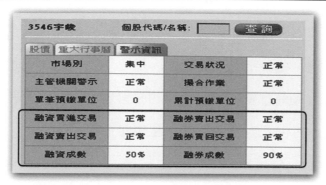

（圖片來源：XQ全球贏家）

圖8-5 「高林股」警示資訊

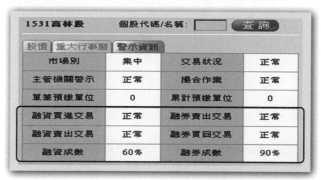

（圖片來源：XQ全球贏家）

圖8-6 「尼克森」警示資訊

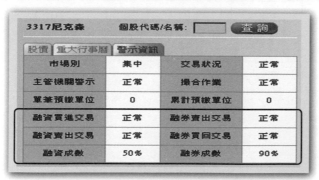

（圖片來源：XQ全球贏家）

其次，它們都是股本不到20億元的小型股，宇峻股本3.42億，高林股19.32億，尼克森6.14億。

我曾經說過，放空要找線型變壞的大型股比較好，因為大型股需要運用非常龐大的資金才動得了它，如果市場上不認同，那要想拉動它，可是不太容易的。

而小型股如果有人刻意要炒作，再爛的股票也會對你的「認知」叛逆。你明明從技術面上覺得不錯，但主力偏要改變線型也是很容易的。

一般來說，如果沒有這種原因，小型股真要「跌」的話，可比大型股快得多了。

圖8-1是我在2011年6月20日在寫作本書時，就已經選出來的「M頭」放空範例。我個人並沒有實際放空，可是我做了「沙盤推演」，認定那一天絕對可以放空，所以就把它設定在我的專業股票軟體了。

現在是8月5日。我們就來看看它從2011年6月20日放空以後，到截稿的8月5日，是否能夠獲利呢？

答案是肯定的。請看表8-1，一個多月以來，宇峻股股價跌了39.99%，高林股股價跌了25.43%，尼克森股價跌了25.27，放空的績效相當不錯！

表8-1　利用M頭型態放空個股，三檔成績比較

| 代碼 | 商品 | 股本 | 一週% | 一月% | 一季% | 半年% | 一年% |
|------|------|------|-------|-------|-------|-------|-------|
| 3546 | 宇峻 | 3.42 | -23.81 | -39.99 | -30.13 | -53.86 | -67.58 |
| 1531 | 高林股 | 19.32 | -16.94 | -25.43 | -30.42 | -4.95 | -12.54 |
| 3317 | 尼克森 | 6.14 | -11.56 | -25.27 | -29.60 | -47.62 | -55.78 |

# 高準確作空型態 2 》
## 圓型頂

　　以下是三個範例：「佳世達」（2352）、「頎邦」（6147）、創惟（6104），它們都是「圓型頂」的型態。

　　圓型頂，也是一種準確率高的作空形態。它有點像M頭，也有點像鍋蓋，當然更像降落傘——股價也隨之由天而降。

　　圓型頂與M頭的差別是有「峰」無「谷」，或有「谷」但比較淺。

　　佳世達是宏碁集團旗下的上市股票，股本也不小，有196.68億；頎邦則是聯電集團的股票，股本59.49億，算是中型股；創惟是小型電子股，它是小型股，2011年第一季的營益率開始出現負數了。它們這三檔股票都有融資融券，一樣均為自備款九成。我都查過，在此不再秀出它們的融資融券的成數資料圖檔，以節省篇幅。

　　重要的是，這屬於「高準確率作空趨勢圖」的「圓型頂」，經過驗證後都有放空的大績效。在一個多月以來，佳世達股股價跌了34.04%，頎邦股價跌了31.17%，創惟股價跌了27.66%，放空的績效都相當不錯！

圖8-7 「佳世達」日線圖

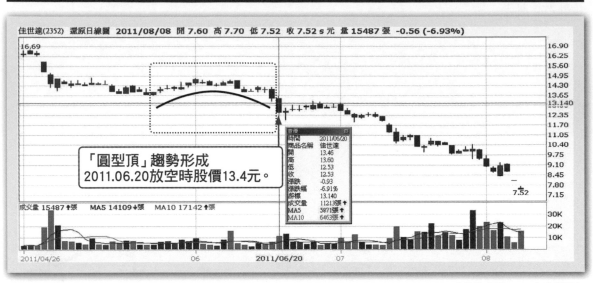

（圖片來源：XQ全球贏家）

圖8-8 「頎邦」日線圖

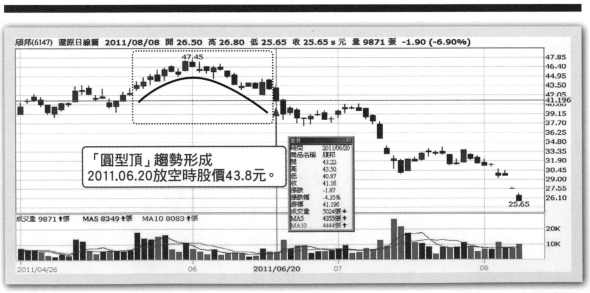

（圖片來源：XQ全球贏家）

圖8-9 「創惟」日線圖

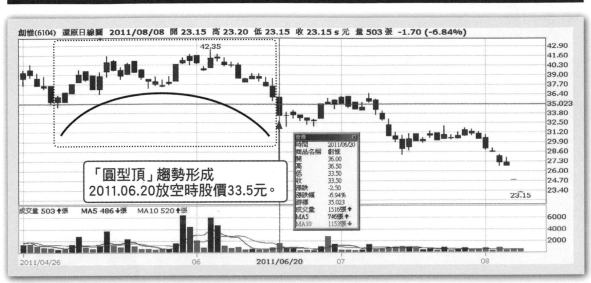

創惟(6104) 還原日線圖 2011/08/08 開 23.15 高 23.20 低 23.15 收 23.15 s 元 量 503 張 -1.70 (-6.84%)

「圓型頂」趨勢形成
2011.06.20放空時股價33.5元。

（圖片來源：XQ全球贏家）

表8-2 利用圓形頂型態放空個股，三檔成績比較

| 代碼 | 商品 | 股本 | 一週% | 一月% | 一季% | 半年% | 一年% |
|---|---|---|---|---|---|---|---|
| 2352 | 佳世達 | 196.68 | -15.39 | -34.04 | -44.07 | -58.05 | -52.65 |
| 6147 | 頎邦 | 59.49 | -12.61 | -31.17 | -32.44 | -44.68 | -34.19 |
| 6104 | 創惟 | 8.65 | -17.99 | -27.66 | -29.60 | -56.86 | -42.81 |

# 高準確作空型態 3 》
# 頭肩頂

　　「M頭」和「圓型頂」，都是望文生義的名詞，而「頭肩頂」對股市新手來說，可能並不能猜出意思來，所以在此再解釋：頭肩頂，又叫做「三尊頭」——共有三個高點，在三個高點之間的兩個次高點連接起來，就成為「頸線」。

　　這種圖形所以被指稱是反轉形態，是因趨勢逆轉所形成，也就是股價由漲勢轉為跌勢，或由跌勢轉為漲勢的信號。所謂的「反轉型態」，不一定是由好變壞，有時也由壞變好。總之，它就是一種「變盤」。頭肩頂可以分為以下幾種不同部分：

　　❶　左肩部分——持續一段上升的時間，成交量很大，過去在任何時間買進的人都有利可圖，於是開始獲利賣出，令股價出現短期的下跌，成交量比上漲到頂點時有明顯的減少。

　　❷　頭部——股價經過短暫的下跌後，又有一次強力的上漲，成交量也跟著增加。不過，成交量的最高點比起左肩部分，明顯減退。股價突破上次的高點後再一次下跌。成交量在這期間也同樣減少。

❸　右肩部分——股價下跌到接近上次的下跌低點又再獲得支持回升，可是，市場投資的情緒明顯減弱，成交量比左肩和頭部明顯減少，股價沒法抵達頭部的高點便跌下來了，於是形成右肩部分。

一般來說，左肩和右肩的高點大致相等，部分頭肩頂的右肩較左肩為低。但如果右肩的高點較頭部還要高，型態便不能成立。如果其頸線向下傾斜，就表示多頭非常疲憊了。以成交量來說，左肩最大，頭部次之，而右肩最少。不過，根據某些統計指出，大約有三分之一的頭肩頂左肩成交量較頭部為多，三分之一的成交量大致相等，其餘的三分之一是頭部的成交量大於左肩的。

圖8-10　頭肩頂型態示意圖

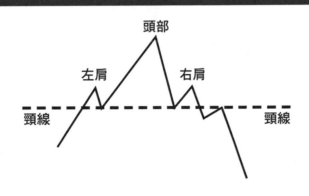

（圖片來源：恆兆編輯部）

然而，「頭肩頂」的形態，有時並不是那麼工整的，必須多加觀察研判。另外還有一種「複合頭肩型」是頭肩式（頭肩頂）的變形走勢，其形狀和頭肩式十分相似，只是肩部、頭部、或兩者同時出現不只一次。

大致來說，反轉型態的複合式頭肩型可分為以下幾大類：

❶　一頭雙肩式型態：一個頭分別有二個大小相同的左肩和右肩，左右雙肩大致平衡。比較多的是一頭雙右肩，在形成第一個右肩時，股價並不馬上跌破頸線，反而掉頭回升，但回升卻止於右肩高點之下，最後股價繼續沿著原來趨勢向下。

❷　一頭多肩式型態：一般頭肩式都有對稱傾向，因此當二個左肩形成後，很

有可能也會形成一個右肩。除成交量外，圖形的左半部和右半部幾乎完全相等。

❸　多頭多肩式型態：在形成頭部期間，股價一再反彈，而且反彈到上次同樣的高點水準才向下下跌　，形成明顯的兩個頭部，也可稱作兩頭兩肩式走勢。有一點必須留意：成交量在第二個頭往往會較第一個減少。

複合頭肩型態的分析意義和普通的頭肩式型態一樣，當在底部出現時，即表示一次較長期的漲勢即將來臨；假如在頂部出現，顯示市場將轉趨下跌。

圖8-11　複合頭肩頂型態示意圖

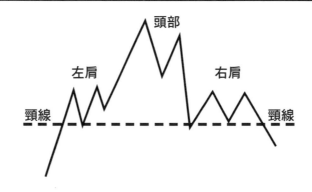

（圖片來源：XQ全球贏家）

來看「奇美電」、「國賓」、「昇達科」的「頭肩頂型態」。其中的「奇美電」就是「複合頭肩頂」的一種。「奇美電」屬於鴻海集團，股本高達674.19億。營收百分之百為LCD 模組及顯示器。2011年的季財務報表真是「滿江紅」，營益率、毛利率等等資料都是負數的數字。但屬於仰德集團的「國賓」，獲利能力就風光多了。其營益率、毛利率等等資料都創去年新高，不過，股價一旦形成「三尊頭」一樣改變不了向下的走勢。至於「昇達科」，是一檔3G概念的電子股，可以算是網路通訊的指標。據說某一位傑出的基金經理人非常看好這一檔股票，他為文指出大陸H、歐洲E、日本N等客戶再加上天線大廠A，均釋出的漂亮的年度訂單。這位基金經理人並且說他已經追蹤這檔股票一年多。但是在2011年6月20日我的觀察裡，技術面並未呈現優勢，反而是「三尊頭」。所以，照空不誤！

圖8-12 「奇美電」日線圖

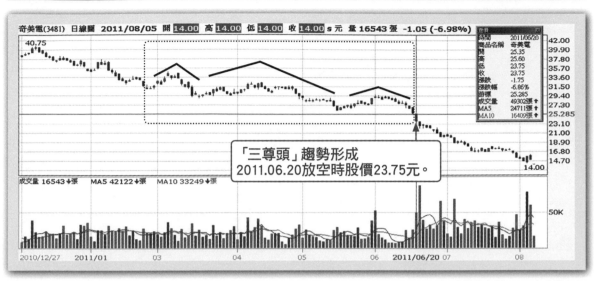

「三尊頭」趨勢形成
2011.06.20放空時股價23.75元。

（圖片來源：XQ全球贏家）

圖8-13 「國賓」日線圖

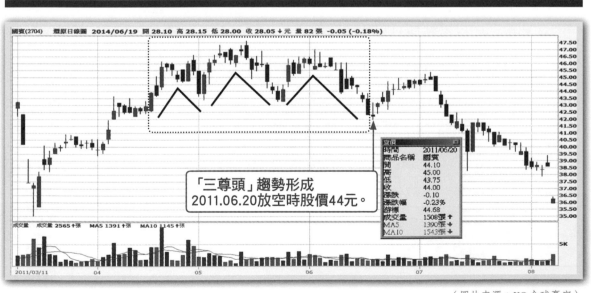

「三尊頭」趨勢形成
2011.06.20放空時股價44元。

（圖片來源：XQ全球贏家）

圖8-14 「昇達科」日線圖

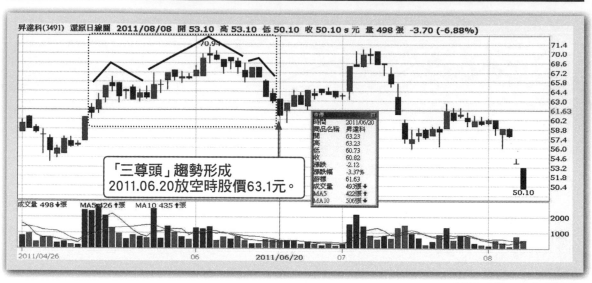

（圖片來源：XQ全球贏家）

　　空了「奇美電」、「國賓」、「昇達科」這三檔股票以後，經過一個多月的變化，三檔「放空」成績單報酬率奇美電是25.53％。國賓是19.14％，昇達科是21.06％。

　　從觀察「三尊頭」這樣的線型並擇股加以放空，只要能放上一段時間都顯出了它的獲利率，所以從技術分析的驗證來看，確實是相當準確的。不過，我認為，讀者一定要有耐心。它有時不會在三兩天顯露出績效來，但結果都令人非常滿意。

表8-3　利用頭肩頂型態放空個股，三檔成績比較

| 代碼 | 商品 | 股本 | 一週% | 一月% | 一季% | 半年% | 一年% |
|---|---|---|---|---|---|---|---|
| 3481 | 奇美電 | 674.19 | -9.39 | -25.53 | -50.62 | -61.90 | -60.95 |
| 2704 | 國賓 | 36.69 | -6.20 | -19.14 | -21.25 | -18.36 | -16.73 |
| 3491 | 昇達科 | 4.42 | -9.73 | -21.06 | -6.04 | +10.30 | -5.40 |

## 高準確作空型態 4 》
# 尖山頂、左掛與右掛雨傘柄

　　作空趨勢的 K 線型態除了最經典的「頭肩頂」、「M頭」、「圓型頂」之外，還有三種「圓型頂」的變化型態，那就是「尖山頂」、「左掛雨傘柄」、「右掛雨傘柄」。為什麼說這三種是圓型頂的「變化球」呢？因為「頭肩頂」的型態，事實上看起來比較跡近「M頭」，只是屬於比較工整的「山頭」林立而已。「頭肩頂」和「M頭」的共同特徵就是：它們都是「峰」有「谷」的。而圓型頂和「尖山頂」、「左掛雨傘柄」、「右掛雨傘柄」的型態中間，卻沒有「谷」，這是筆者自己觀察出來的，所以把這三種歸於同一類型。至於為什麼叫做「左掛雨傘柄」、「右掛雨傘柄」呢？很簡單，就是雨傘的「手把」在左邊的，就是「左掛雨傘柄」，它的股價已經呈現下跌狀態了；雨傘的「手把」在右邊的，就是「左掛雨傘柄」，它的股價走勢才剛剛要起跌而已。

　　這三種作空的趨勢型態的股價走勢變化，筆者雖然做了不少研究，但由於限於篇幅，這裡我們只各選一個範例作說明。

圖8-15 尖山頂示意圖　　圖8-16 左掛雨傘柄示意圖　圖8-17 右掛雨傘柄示意圖

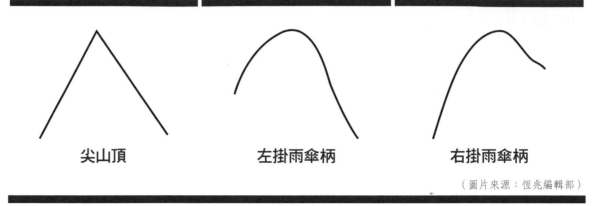

尖山頂　　　　　　　左掛雨傘柄　　　　　　右掛雨傘柄

（圖片來源：恆兆編輯部）

　　以2011年6月20日呈現的100個「尖山頂」型態的圖型，隨機抽樣選取，然後觀察它假設從6月20放空後到日8月8日的股價表現。本文以「日月光」為例！

圖8-18　「日月光」日線圖

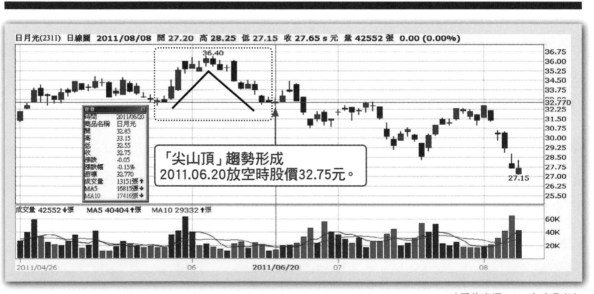

（圖片來源：XQ全球贏家）

　　同樣「參數選擇」，以2011年6月20日出現的100個「左掛雨傘柄」型態的圖型，隨機選取，觀察假設從6月20放空後到日8月8日的股價。

本文以「晟銘電」為例！

晟銘電（3013），它是一檔上市電子股，股本18.81億元，是有融資融券的，所以可以放空。融資成數是50％，融券成數是100％。

圖8-19　「晟銘電」日線圖

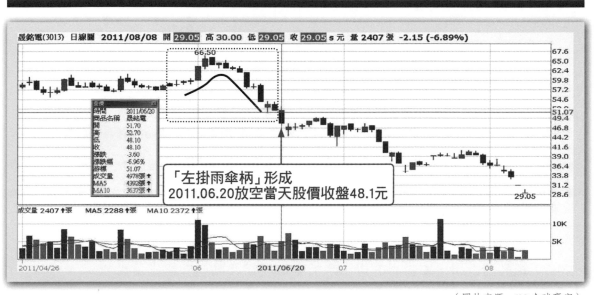

（圖片來源：XQ全球贏家）

同樣的「參數選擇」，以2011年6月20日呈現的100個「右掛雨傘柄」型態的圖型，隨機抽樣選取，然後觀察假設從6月20放空後到日8月8日的股價表現。本文以曜越為例！

曜越（3060），是一檔上市電子股，股本6.08億元，是有融資融券的，所以可以放空。融資成數是50％，融券成數是90％。

好了，現在我們把「尖山頂」、「左掛雨傘柄」、「右掛雨傘柄」這三種空頭趨勢的股票從6月20放空後到日8月8日的股價表現，作一個獲利情況的展現吧！

從表8-4看起來，似乎「左掛雨傘柄」、「右掛雨傘柄」型態的股票跌得比「尖山頂」型態的股票凶。不過，也不一定。主要仍需要看股票本身的本質而定。

圖8-20 「曜越」日線圖

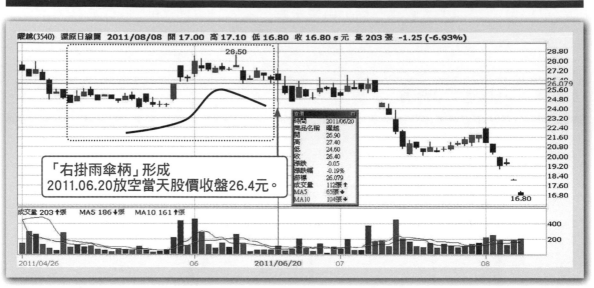

「右掛雨傘柄」形成
2011.06.20放空當天股價收盤26.4元。

表8-4 利用尖山頂、左掛與右掛雨傘柄型態放空個股，三檔成績比較

| 代碼 | 商品 | 股本 | 一週% | 一月% | 一季% | 半年% | 一年% |
|------|------|------|-------|-------|-------|-------|-------|
| 2311 | 日月光 | 605.22 | -14.92 | -14.92 | -17.59 | -22.55 | +9.29 |
| 3013 | 晟銘電 | 18.81 | -20.74 | -32.60 | -49.39 | -18.68 | +26.05 |
| 3540 | 曜越 | 6.08 | -20.57 | -33.99 | -31.43 | -41.46 | -49.24 |

## 高準確作空型態 5 》
## 向下跌破三角形、楔形、旗形

　　在技術分析的K線趨勢型態中，不論是三角形、楔形、旗形或是對稱三角形、擴張三角形，都屬於整理形態。下降三角形的形狀與上升三角形恰好相反，股價在某特定的水準出現穩定的購買力，因此，每當股價跌到該水準便告回升，形成一定水準的需求線。可是市場的賣出力量卻不斷加強，股價每一次波動的高點都比前次為低，於是形成一條向下傾斜的供給線。成交量在完成整個型態的過程中，一直是無法放大。下降三角形同樣是多空雙方在某價格區域內相互較勁的表現，然而買進力量卻與上升三角表所顯示的情形相反。

　　看空的一方不斷地增強賣出壓力，股價還沒回升到上次高點便再賣出；而看好的一方堅守著某一價格的防線，使股價每回檔到該水準便獲得支持。此外，這型態的形成也可能是有人在找機會出貨，直到貨源賣光為止。

　　請看圖8-21到圖8-25，在股價整理完畢之後，都有可能向上突破，也有可能向下突破。而當向下突破的時候，就是放空的機會點。

圖8-21.下降三角形示意圖　圖8-22 下降楔形示意圖　圖8-23 下降旗形示意圖

**下降三角形**

**下降楔形**

**下降旗形**

（圖片來源：恆兆編輯部）

圖8-24 對稱三角形(向下)示意圖　　圖8-25 擴張三角形(向下)示意圖

**對稱三角形(向下)**

**擴張三角形(向下)**

（圖片來源：恆兆編輯部）

　　這些圖型在台股中，有沒有實例可以看看呢？這是可遇不可求的，有時找得到，有時找不到。找到以後，還得看看有沒有融券，有融券才能放空。

　　在2011年8月8日的盤後，在三角形、楔形、旗形或是對稱三角形、擴張三角形中，筆者僅只找到一個「下降楔形」向下突破的例子(請見圖8-26)。

　　劍湖山（5701）是一檔上櫃的觀光股，它從2011年7月13日以來到8月初，其股價已形成「下降楔形」的向下突破。這是作空的機會，可惜它並沒有融資融券，所以只能請有融資股票或現股的人賣出，卻無法融券放空。

圖8-26 「劍湖山」日線圖

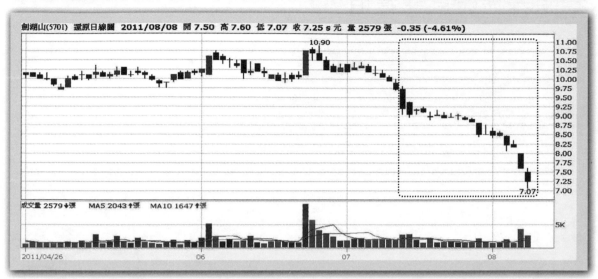

劍湖山(5701) 還原日線圖 2011/08/08 開 7.50 高 7.60 低 7.07 收 7.25 s 元 量 2579 張 -0.35 (-4.61%)

（圖片來源：XQ全球贏家）

# 高準確作空型態 6 》
## 空頭吞噬與烏雲罩頂

　　K線趨勢型態中，有一種由兩根K棒組合的型態，叫做「空頭吞噬」，這是一種「價格走勢即將反轉向下」的暗示。所以說「吞噬」，是因為這兩根K棒的前一根是上漲趨緩的短、中紅線；後面一根，則是下殺的長線。如果後一根長黑線是跌停鎖到底的方式，那麼空頭的力量會十分強大，估計會有一大波的跌幅。所以，可以利用它在平盤時放空。

　　不過，在放空之前，最好先再確認一下。確認的方法，就是觀察其隔一天的開盤和收盤價。這並非要你再等一天，而是一個觀察「買氣和賣壓」的比較機會。如果買氣仍旺，表示有人護盤；否則就是放空的好機會。當收盤前確認是向下的趨勢時，並不需要再等一天，而是在當天收盤前或盤後掛單都可以。

### 空頭吞噬範例

　　圖8-27中的「空頭吞噬」範例——「捷元」（5384）是一檔上櫃股票，有

融資融券，所以可以放空。它的融資成數是五成，融券成數是九成。 2011年8月5日，它仍有1.47％的漲幅，可是次日（2011年8月8日）卻收了長黑線，跌幅為4.33％。由於8月5日的K線完全在8月8日K線的實體內，形同被包圍吞噬了，所以叫做「空頭吞噬」。

圖8-27 「捷元」日線圖

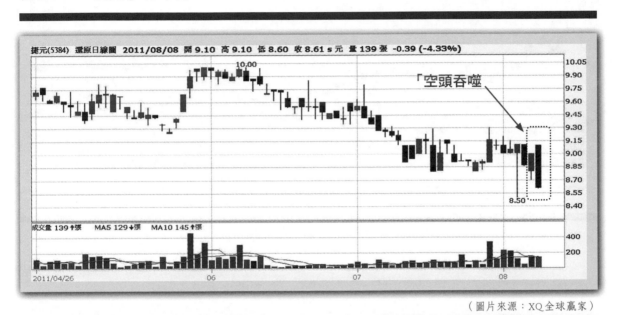

（圖片來源：XQ全球贏家）

## 烏雲罩頂範例

此外，在K線趨勢型態中，還有一種叫做「烏雲罩頂」的兩根K線組合。它也是一個「價格即將反轉向下」的暗示訊號。好一個「烏雲罩頂」！光是從名稱來看，就很使人煩惱了。消極上，使用融資或現股購買股票的人，應該見好就收、即時賣出、落袋為安；積極的人應立刻觀察一下股價背後有沒有人在硬撐、護盤，如果沒有的話，大可融券放空操作。

我們從圖8-28、圖8-29這兩檔個股的還原日線圖來看，可以發現：這種由兩根K棒組成的線型，最大的特徵就是都曾經有過一段的漲幅，而現在已經來到了高

點。所以前面都有一根長紅線，但後面偏偏來了一根反轉而下的「長黑線」。這樣給人感覺似乎已經利多出盡、福分用盡了，接下來不能太樂觀。

圖8-28 「集盛」日線圖

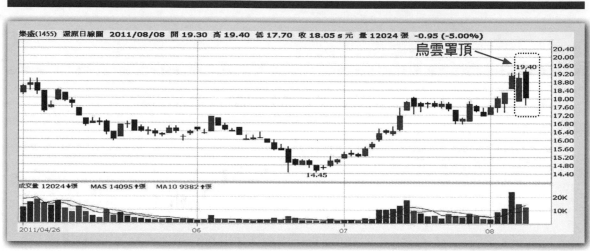

（圖片來源：XQ全球贏家）

圖8-29 「敦陽科」日線圖

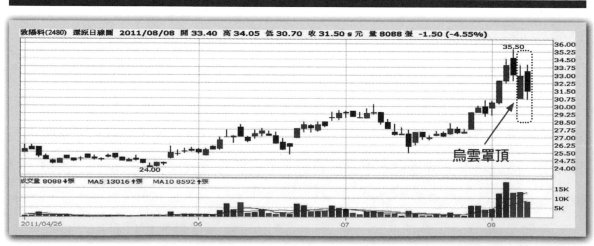

（圖片來源：XQ全球贏家）

不過，「烏雲罩頂」如果碰到法人強勢運作或大利多加持，想要「撥雲見日」也不是不可能。所以最保險的做法是，先了解這檔股票背後有沒有人包養，也就是計算一下它的籌碼面。然後看看各種技術指標的解讀，然後再看隔一天的開盤如何，如果開盤不好，盤中賣壓又奇大無比，那麼肯定是放空的好機會。這就是「確認」的動作。因為主力如果發現「勢不可為」時，即使是包養的主人也會先向下洗盤再攻。這時我們就可以「放」個短「空」。如果沒有這種條件，那我們就做個較長波段的「放空」吧！因為它曾經漲過一段，自然會補跌，那放空的「肉汁」就比較甜美了。

　　圖8-28的範例是「集盛」（1455），這是一檔上市的紡織股，股本是51.87億元。有融資融券，可以放空。融資成數六成，融券九成。它在2011年8月5日及8日都是跌的，跌幅分別是0.52％和 5％，兩天的K線組合形成了「烏雲罩頂」的型態。

　　而圖8-29的範例是「敦陽科」（2480），這是一檔上市的電子股，股本是13.3億元。有融資融券，可以放空。融資成數六成，融券九成。它在2011年8月5日及8日都是跌的，跌幅分別是0.30％和 4.55％，兩天的K線組合形成了「烏雲罩頂」的型態。

9

CHAPTER

# 放空攻略8》
# 口訣／6句順口溜

股市沒有規則，但有原則；
股市沒有專家，但有贏家。
六個空頭賺錢的順口溜，
集贏家獲利原則之大成，
想通了，
就如反復練習模擬題一樣，
遇上了就送分。

# 賺錢順口溜
## 掌握放空要領

有一位從不做股票的台商好友，給我發了一條簡訊：

昨天台商聚會，有人給我介紹了一位新朋友，說是炒股炒成了千萬富翁。

哇！好厲害啊！佩服佩服！

我坐在他邊上，悄悄地請他傳授秘訣。他一臉木然地對我說：

「其實，也沒啥秘訣。⋯⋯⋯⋯⋯⋯⋯⋯⋯⋯⋯⋯⋯⋯

⋯⋯⋯⋯⋯⋯⋯⋯⋯⋯我原來是億萬富翁。」

這應該是一個笑中有淚的故事。

現在，我們從幾個股市的順口溜，來提醒股友。在多頭的行情中，千萬別把所有的資金都泡在股票池裡，那太危險了。

以下是幾句股市諺語，請作多者務必牢記，才能守住財富，甚至保全生命！

## 放空送分題口訣 1 》
### 利空出盡是利多，利多出盡是利空

　　所謂「利空出盡」或「利多出盡」的「利空」或「利多」，並不一定指的是壞消息或好消息。其實，從某一個角度來看，如果台灣不會「倒」、台股不會結束的話，「股價一再大漲」或「超乎尋常的大漲」就是壞消息；「股價一再大跌」或「超乎尋常的大跌」就是一個好消息。因為股價早晚都會回到正常的軌道來。樂極生悲、否極泰來，不是易經給我們的啟示嗎？

　　超賣必漲，超買必跌，這是很公平的事。日昇日落，月圓月缺，浪起浪伏，物極必反。大自然的規律是如此，股市的運行規律也是如此。利空出盡之時，是由熊市轉牛市的變盤點；利多出盡之時，則是由牛市轉熊市的變盤點。

　　換句話說，股市最大的利多是「跌過頭」，最大的利空是「漲過頭」。

　　不要怪罪外資在期貨布空單，是造成現貨被砍的罪魁禍首。以2011年開盤之前的股市為例(見圖10-1)！是不是已經到了「利多出盡是利空」的階段了？

　　首先我們來看看2008年的全球經濟風暴，其實那一年年中，台灣的股市已經大

回檔了，然而到了9月14日，是華爾街歷史上自1929年經濟大蕭條以來最動盪的一天。這一天，美國第四大投資銀行雷曼兄弟公司宣布破產，美國道瓊指數暴跌504點，創近7年來單日最大跌幅。緊接著，全球金融市場勢如山崩。人人都說：「這是百年難遇的經濟危機！」於是，美國政府緊急救市。這一來，反而是台股大盤真正落底的時刻。因為利空出盡了，就跌無可跌。由圖9-1，大盤週線圖中，台股3955點的前後，量能是否極縮？是的，那就是大盤落底的徵兆。

接下來，台股從那3955點開始起漲，量能開始放大、放大、再放大，股價也憋不住了，不斷地在上揚中。然而，在台股不斷上揚的過程中，並無大規模的回檔修正，期間雖有過兩次數百點回檔，但幅度並不深，且自2010年12月台灣「五都選舉」之後的起漲，更沒有經過適當整理。所以，在股票技術面上一直存有潛在的修正壓力，一旦高檔出現長黑K線後，立刻引發「利多出盡」的疑慮，獲利了結賣壓紛紛出籠，於是展開了連續猛烈下殺的趨勢。這種因果關係，證明了台股2011年的股市「利多出盡」（漲得太多了）是因、股價大跌是果。

圖9-1　2011年台股淪為放空年代之前的股市大盤週線圖

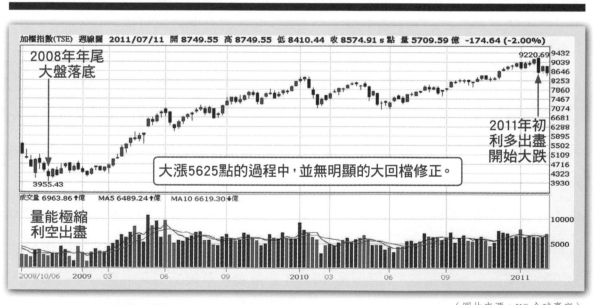

（圖片來源：XQ全球贏家）

# 放空送分題口訣2》
## 價量背離，翻臉如翻書

　　筆者在《籌碼細節》一書中提到，周轉率如同「股性」，不活潑沒有激情動力，股價上不去；太活潑又很危險。周轉率又像車子引擎，周轉率太低，車子發動不了；周轉率太高，車子容易出事。「周轉率」，有一個公式可以計算：

**周轉率＝當日的成交張數÷股本張數。**

　　「周轉率」（俗稱「換手率」）是與成交量有關的。換手要好，價量就必須配合得當。一般來說，股價上升時，成交量沒跟著放大反而縮小，表示換手並不積極，後市看跌；股價下跌時，成交量沒跟著縮小，反而放大，表示持股信心不足。

　　股票的「價」與「量」的關係，就像人的身體一樣，骨骼與肉體結合在一起。骨骼就像「價位」，肉體就像「量能」一樣牢不可破。價位要大漲，就必須量能的活動力充足。有了量能的活動力，價位才能推動。華爾街有句名言：「股市裡充斥著各式各樣的騙子，成交量、值是唯一的例外。」這話很明顯地說，成交量、

值是從不說謊的。股價在上升時，成交量跟著放大，這說明了這檔個股是「換手積極」。有很大的向上推升的力道，可見得後市看漲。當股價在下跌時，成交量跟著縮小，這表示持股者不願意賤賣。所以只要打底完成，股價自然止跌回升。類似如此的價量配合得很好，就是值得買進的個股。但是，如果情況是相反呢？

股價在上升時，成交量不但沒跟著放大，反而縮小，這表示個股換手並不積極，向上推升的力道不夠，可見得後市看跌。而當股價在下跌時，成交量不但沒跟著縮小，反而放大，這表示持股者信心不足，能賣的都想趕快賣，這麼一來，至少有一段時間內股價都要持續下跌了。這就是價量背離的現象，是個惡兆，這檔個股不宜久留。過去的經驗教訓告訴我們，它今後的走勢將「翻臉如翻書」一般。

奇美電的週線圖在2010年9月初，它曾經有「翻身作多」機會（見圖9-2說明），可惜其後價量背離扭轉為往下的趨勢。圖中箭頭位置，反成理想的「放空」時點。股價的「價量背離」有六種情形要當心：量增價跌、量減價漲、量平價漲、量平價跌、漲停量平、跌停量縮。這都不正常的訊號，表示行情隨時會反轉。

圖9-2　「奇美電」週線圖

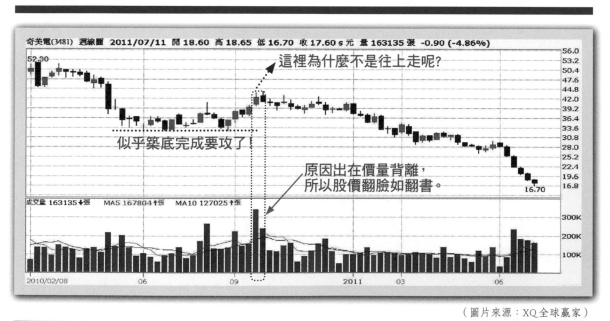

（圖片來源：XQ全球贏家）

## 放空送分題口訣 3 》
## 君子問凶不問吉，高手看盤先看跌

　　新手看盤很少是「先看跌」的，多半是先考慮作多，幻想股價是如何上漲的，往往很不能接受股價「如何跌下去」的思維。

　　然而，美國股票大亨賀希哈說：「不要問我能贏多少，而是問我能輸得起多少」。

　　投資股票最要緊的是，你不應該洩氣，而是應該從中吸取教訓。

　　在賀希哈身上，我們可以分析出一點成功因素，那就是他自己定的一個簡單公式：「輸得起，才贏得起。」在你想要賺錢之前，先估可以賠多少錢。先看可賠多少，再算可賺多少。

　　為什麼這樣說呢？因為作多、作空的機率其實是一樣的。如果存心只想作多才能賺錢，那你在觀念上就已經輸了一半。

　　「君子問凶不問吉，高手看盤先看跌。」這句話告訴我們，應該先學會作空，再學會作多。但一般多半是先學會作多，等到股價跌了一大段、投資人也賠了一屁

股，他才有興趣學作空。

一般散戶對「放空」多少都存有成見，其實它們都屬於正常的投資策略之一。今天的賣方，可能就是明日的買方；放空並可以提高市場的流動性；具有壓低高估的價格效應。可見放空對於市場效率是正面的。

而一般資深的大戶，對「放空」卻並沒有這種成見。像外資就常常透過放空來對其他部位進行避險，例如放空期貨，來保護現貨的持股。

這一招在近年來很流行，並且逐漸變成「風險管理」中的一環。看多，並不意味著樂觀；看空，也不代表悲觀。事實上，放空只是一項商業行為，只是一樁買賣，與樂觀、悲觀不相干的。

華爾街有句名言：「牛賺，熊賺，豬賠。」意思是說，在牛市的多頭市場中能賺錢，在熊市的空頭市場中也能賺到錢，只有呆頭呆腦、不肯改變操作思維的豬型投資人才會虧損。

現在，請看圖9-3，為什麼箭頭指處不是向上攻呢？反而是放空的好機會？

圖9-3 「加權指數」的日線圖

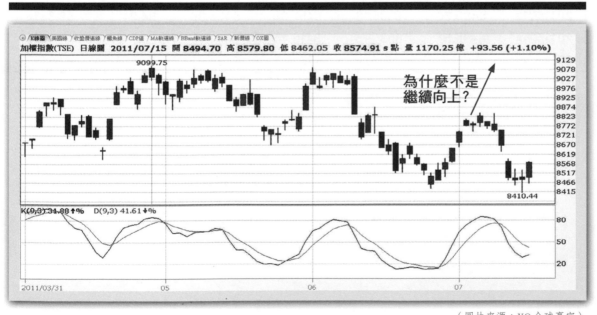

圖9-3的問題，不難解釋。我們看到它的K線已經慢慢壓下來了。圖中箭頭所指的那一天是7月6日，我們可以發現，從7月1日起，它的K值：

　　63.96％→72.97％→79.85％→85.12％

　　都是上升趨勢的。可是在次日之後，卻變成：

　　85.12％→84.47％→81.15％→70.30％→47.89％→34.94％→28.77％

　　明顯的下降趨勢。所以KD值的變化，是由多轉空的關鍵。這就是選擇放空的時間點的奧秘。

表9-1 「加權指數」的KD值

| 時間 | 開盤價 | 最高價 | 最低價 | 收盤價 | K(9,3) | D(9,3) |
|---|---|---|---|---|---|---|
| 2011/7/1 | 8684.39 | 8744.2 | 8659.57 | 8739.82 | 63.96% | 39.91% |
| 2011/7/4 | 8801.51 | 8808.47 | 8772.33 | 8774.72 | 72.97% | 50.93% |
| 2011/7/5 | 8777.22 | 8794.14 | 8743.45 | 8784.44 | 79.85% | 60.57% |
| 2011/7/6 | 8790.94 | 8842.17 | 8768.35 | 8824.44 | 85.12% | 68.75% |
| 2011/7/7 | 8795 | 8795.88 | 8757.47 | 8773.42 | 84.47% | 73.99% |
| 2011/7/8 | 8782.72 | 8839.14 | 8740 | 8749.55 | 81.15% | 76.38% |
| 2011/7/11 | 8749.55 | 8749.55 | 8633.55 | 8665.85 | 70.30% | 74.35% |
| 2011/7/12 | 8581.43 | 8595.07 | 8479.9 | 8491.01 | 47.89% | 65.53% |
| 2011/7/13 | 8480.26 | 8539.18 | 8452.86 | 8488.06 | 34.94% | 55.33% |
| 2011/7/14 | 8495.51 | 8531.96 | 8410.44 | 8481.35 | 28.77% | 46.48% |
| 2011/7/15 | 8494.7 | 8579.8 | 8462.05 | 8574.91 | 31.88% | 41.61% |

# 放空送分題口訣4 》
## 頭部3日，底部百天

　　「頭部3日，底部百天」的意思是說，股價在底部盤整的時間往往很長，例如有三個月（百天），讓我們有足夠的時間考慮。然而，當它在頭部的時候，卻常常只有極短暫的時間，例如三天就下來了。這就是我常說的，股價在向上攻的時候是「爬」的，在下跌的時候可是「滾」的。利用股價下跌的速度迅速把錢賺到，然後落袋為安，往往是市場上高手的拿手好戲。他們深知，股市中的買盤和賣盤是不對稱的博弈遊戲，明白地說，股市的買盤會隨時間變化，而賣盤卻會隨價格變化。華爾街也有句話說：「大水衝來時，別在沙灘繼續堆土。」確定看壞的股票，在一路下滑的過程中，妄想加碼攤平、反敗為勝，是一種「慌亂」的迷思，也是一種「等待」的迷思。除非你的資金非常雄厚，或者持股比例極低，否則不要太快加碼攤平。至少跟你前一次買進的價位差多一些較好。因為根據經驗，股價下跌，一定有它下跌的道理，一旦滑下來通常不會太快停止。所以，如果不等差價大一點，無異浪費子彈。但是，既然如此，與其「逆水行舟」式地攤平、加碼，等待黎明，何不乾脆作空，在黑夜中就發動夜襲、反守為攻呢？

筆者曾有一次得意的作多「賣出」，那是2011年5月5日上午9時1分44秒，買到一筆「中和」，成交價位是47.2元；上午9時4分24秒，又加碼買到一筆同樣的股票，成交價位是48.5元。當天中和在上午十時左右，就漲停關門到收盤了。

圖9-4　2011年5月5日筆者的「成交回報」截圖。

（作者提供）

圖9-5　這是筆者很得意的兩筆買進時點（2011年5月5日中和的走勢圖）。

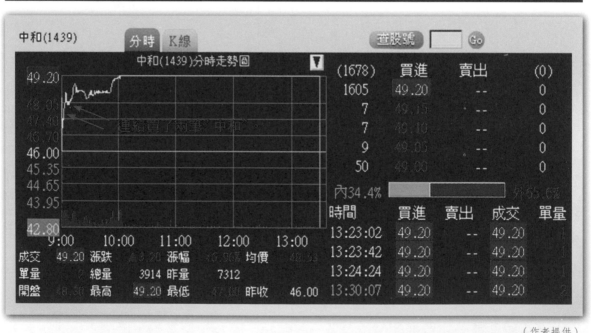

（作者提供）

　　這兩筆「中和」買單，在2011年5月9日賣在最高點。賣點的選擇很容易，因為在前一晚就做過功課，確認它不會再漲、決定一開盤就賣。結果一開盤就是漲停

板，我毫不猶豫以市價賣出，若信心不足肯定賣不到漲停板。因為它停留在漲停板時間非常短暫。收盤只剩53.1元了。這次作多的勝利，固然源於判斷精準，同時融資賣出的執行力也夠果決，但是，事後仍有一些「迷思」：既然確認它的漲停板是一大賣點，為何不同時融券放空呢？它的獲利速度卻非常快。幾天之內就打到47元了。

圖9-6　2011年5月9日筆者的「成交回報」截圖。

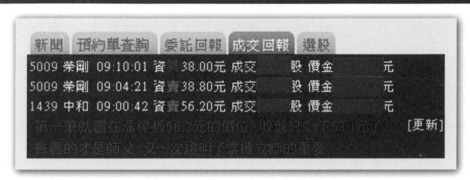

（作者提供）

圖9-7　2011年5月9日中和的「分時走勢圖」。

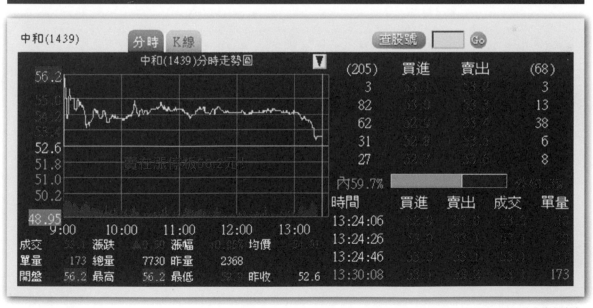

（作者提供）

請看圖9-8，我在5月5日以47.85元的均價買到股票，算是夠有把握的決策；我相信如果是股市新手，很容易就買到漲停板（49.2元）的價位，那離融資賣出的最高點（56.2元）只有一步之遙，股價高檔時，漲停板不肯賣掉，非等到次日才賣出，是危險的。只為多賺一個停板，往往因小失大、被套牢了。我相信跟我同一天買進中和的人，如果一再猶豫，肯定在隔兩天之後會發現股價已經跌回他買進的價位了。再沒警覺的人，恐怕最後就被套在49.2元，至今仍未賣出。

而我的醒悟卻是：5月9日這一天既是賣點，就應該同時在融資賣出時，再放空它。結果將會發現融券放空比融資買賣賺得快、賺得多！這個事實，我們在事後已經證明了一切。

現在，為文至此，我們再來呼應到本則順口溜的意義，真的是「頭部（2011年5月9日）3天、底部百天（到2011年7月15日仍在盤整打底中）」。據圖9-8來看，中和至今仍守在47元（頸線）的位置，不能說沒有機會再攻一波。可是，等待的時間也太久了吧？還是放空賺得快，從頭部下來，3天就「落袋為安」了！

圖9-8 「中和」日線圖

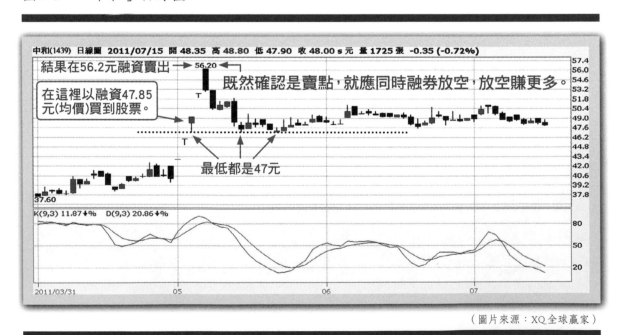

（圖片來源：XQ全球贏家）

# 放空送分題口訣5 》
## 兩陰夾一陽，哭爹又叫娘

在技術線型來說，「兩陰夾一陽」是一種放空的契機。有一個口訣是「兩陰夾一陽，哭爹又叫娘。」預示其後必然有一大段跌勢會出現！

從K線圖型來看，在股價的上升趨勢中，一旦出現「兩陰夾一陽」的形態時，本來是屬於強勢整理的行為；但如果當時是出現在高價位區的滿足點，那就不可等閒視之了，因為那是一種「見頂即將回檔」的「可以放空」訊號。

由陰陽線組成的三條型，代表的意義很多。例如，把K線連接起來，如果形成「陰線三條型」，就代表賣方的力道強大而又持續，下跌幅度不小。相反的，如果是「陽線三條型」，就代表買方的力道強，典型的上升行情。而碰到這種「兩陰夾一陽」，則必須要有強烈的警覺才行。如果有持股，宜先行賣出再說；如果沒有持，可考慮放空。成功率還滿高的！

「兩陰夾一陽」的K線組合，並不少見，但不是兩個下跌的日子，中間夾有一個上漲的K棒就算數的，而是必需擁有以下的幾個特色：

一、它們是由三根Ｋ線組成的。

二、前面的第一根陰線較長，中間的陽線較短，後面的陰線比前面的第一根陰線低。

請看圖9-9，中化（1701）的日線圖中，被圈起來的三根K線組合，便是完全符合標準的「兩陰夾一陽」。

第一天是2009年12月10日，它算是較長的「第一根陰線」。收盤24.45元。

第二天是2009年12月11日，它是較短的「第二根陽線」。收盤24.8元。

第三天是2009年12月14日，它是比第一根陰線低的「第三根陰線」。收盤24.35元。股價比第一天還低，顯示確實已經開始向下了。

果然，這樣的K線組合之後，我們看到「中化」的股價從25.45元一直跌到16.1元方休，跌幅高達36.73％，真是哭爹又叫娘了！

但是，如果你的操作方向是採取「放空」呢？那卻是謝天又謝地了！


圖9-9 　「中化」日線圖

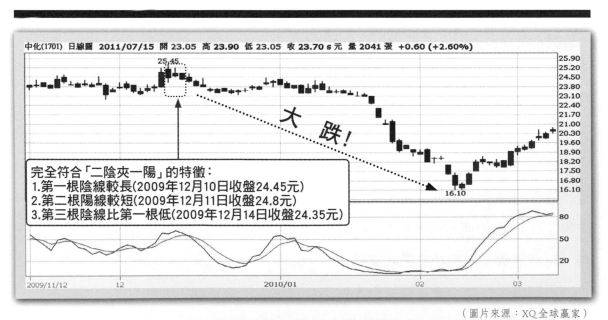

（圖片來源：XQ全球贏家）

# 放空送分題口訣6》
## 哥倆剃平頭，空單可逗留

　　「哥倆」是一對、一對的意思，「剃平頭」是「平頂線」的意思。「平頂線」是什麼呢？所謂「平頂線」，是指兩根K棒的分別最高價都是一樣的，這樣就形成了「平頂」，所以叫「平頂線」。（見圖9-10）

　　請看表9-2，這是台塑（1301）在2011年開紅盤日（2月8日）到3月10日之間的價位表。

　　我們可以發現，2月10日和2月11日的最高價都是103.5元。於是他們K棒中就形成了一對「平頂線」的「哥倆好」！

　　我們再看看2月21日和2月22日的最高價都是105元。於是他們的K棒中也形成了一對「平頂線」的「哥倆好」！

　　我們再看看2月25日和3月1日的最高價都是100.5元。於是他們的K棒中也形成了一對「平頂線」的「哥倆好」！

　　這三對「哥倆好」就是「剃平頭」的。

現在，我們要說的不是三組，而是兩組的「哥倆好」，如果股價在相對的「高價區」（指已經漲了一大段）時，先後出現了「平頂線」，那就是股價準備回檔的徵兆。這時就可以「放空」！

　　兩根K棒的最高價都是一樣，會讓投資人覺得似乎往上再也難以突破了，於是就產生疑慮。當另外又出現一組「平頂線」時，投資人當然更加疑慮了。所謂「事不過三」，警覺性夠強的投資人必然會考慮把手上的持股賣出了。所以，這絕對不是作多的好現象，且是「放空」的好機會。

　　根據這樣的說法，我們訂下了一個「放空」的條件：

❶　股價位於相對的高檔區。

❷　由兩組「平頂線」的「哥倆好」組成。

❸　第一組的「平頂線」的高點，要高於二組的「平頂線」的高點。

❹　每一組的「平頂線」的實體可陰可陽，也可以有上下影線。這些都無所謂，重要的是「價位」。

　　由於2月10日和2月11日的最高價都是103.5元，比2月21日和2月22日的最高價105元低，所以前者不算數。而2月21日和2月22日的最高價都是105元，這比2月25日和3月1日的最高價100.5元高，所以這兩對「哥倆好」才正式合乎條件。

　　為什麼說「哥倆剃平頭，空單可逗留」呢？因為在遇到2月10日和2月11日的最高價都是103.5元的時候，我們已經起了一次疑慮，到第二對「哥倆好」出現時，我們就該賣出股票了。從積極面來說，則是放空股票。然而，到了出現第三對「哥倆好」時，我們發現這兩對已完全符合「放空」的條件了，於是更要有信心認為股價會下跌才是。所以說，這時的「空單」可以保留下來、逗留下來，而不是說這時才去放空。基本上，股價是會再續跌的，但我們必須要有「先見之明」，當然是越高價放空越好、越安全。當一組的「平頂線」的高點，高於另一組的「平頂線」的高點時，代表股價的向下趨勢已形成、已被確認。這樣勝算就更大了！

表9-2　台塑（1301）在2011 2月8日到3月10日之間的價位表

| 時間 | 開盤價 | 最高價 | 最低價 | 收盤價 | K(9,3) | D(9,3) |
|---|---|---|---|---|---|---|
| 2011/2/8 | 99.9 | 105 | 99.7 | 102 | 81.05% | 81.44% |
| 2011/2/9 | 102 | 102.5 | 100 | 101.5 | 76.66% | 79.85% |
| 2011/2/10 | 100 | 103.5 | 99.5 | 101 | 72.21% | 77.30% |
| 2011/2/11 | 101.5 | 103.5 | 100 | 101 | 67.58% | 74.06% |
| 2011/2/14 | 100 | 100.5 | 98 | 98 | 53.83% | 67.32% |
| 2011/2/15 | 97.9 | 101.5 | 96.8 | 100 | 51.67% | 62.10% |
| 2011/2/16 | 100 | 100.5 | 98.3 | 98.6 | 44.59% | 56.27% |
| 2011/2/17 | 98.8 | 102 | 98.6 | 99.5 | 41.49% | 51.34% |
| 2011/2/18 | 101 | 103.5 | 100.5 | 103 | 52.87% | 51.85% |
| 2011/2/21 | 103 | 105 | 102 | 105 | 68.58% | 57.43% |
| 2011/2/22 | 104 | 105 | 101.5 | 103 | 70.92% | 61.92% |
| 2011/2/23 | 102 | 102.5 | 98.5 | 98.8 | 55.41% | 59.75% |
| 2011/2/24 | 98 | 101 | 98 | 99.3 | 47.10% | 55.54% |
| 2011/2/25 | 99.5 | 100.5 | 97.8 | 99.5 | 42.38% | 51.15% |
| 2011/3/1 | 98 | 100.5 | 98 | 99.4 | 35.66% | 45.99% |
| 2011/3/2 | 98.3 | 99 | 94.8 | 94.8 | 23.77% | 38.58% |
| 2011/3/3 | 94.8 | 96.3 | 93.5 | 95.3 | 21.07% | 32.74% |
| 2011/3/4 | 96.4 | 97.5 | 96 | 97.5 | 25.64% | 30.38% |
| 2011/3/7 | 97.1 | 98.2 | 96.7 | 97 | 27.24% | 29.33% |
| 2011/3/8 | 95.8 | 96.7 | 95.8 | 96.7 | 30.01% | 29.56% |
| 2011/3/9 | 96.7 | 97.3 | 94.5 | 94.9 | 26.23% | 28.45% |
| 2011/3/10 | 95.2 | 95.2 | 92.2 | 92.2 | 17.49% | 24.79% |

圖9-10

（圖片來源：XQ全球贏家）

・國家圖書館出版品預行編目資料

| 放空賺更多 | /方天龍 作. |
|---|---|
| -- 增訂初版. -- 臺北市： | 恆兆文化，2014.06 |
| 200面；21公分×28公分 | （股票超入門；12） |
| ISBN 978-986-6489-57-0　（平裝） | |
| 1.股票投資　2.投資技術 3.投資分析 | |
| 563.53 | 103009352 |

## 股票超入門系列 12：

# 放空賺更多

| 出 版 所 | 恆兆文化有限公司 |
|---|---|
| | Heng Zhao Culture Co.LTD |
| | www.book2000.com.tw |
| 發 行 人 | 張正 |
| 作 者 | 方天龍 |
| 封 面 設 計 | 一瓶 |
| 版 次 | 增訂初版 |
| 插 畫 | 韋懿容 |
| 電 話 | ＋886-2-27369882 |
| 傳 真 | ＋886-2-27338407 |
| 地 址 | 台北市吳興街118巷25弄2號2樓 |
| | 110,2F,NO.2,ALLEY.25,LANE.118,WuXing St., |
| | XinYi District,Taipei,R.O.China |
| 出 版 日 期 | 2014/07 |
| I S B N | 978-986-6489-57-0(平裝) |
| 劃 撥 帳 號 | 19329140　戶名 恆兆文化有限公司 |
| 定 價 | 349元 |
| 總 經 銷 | 聯合發行股份有限公司　電話 02-29178022 |

特別銘謝：
本書採用之技術線圖與資料查詢畫面提供：
嘉實資訊股份有限公司

網址：http://www.xq.com.tw